燧人氏
—— SUI REN SHI ——

为你钻取
智慧之火
Get the fire of wisdom for you

人文智慧译丛

智慧与哲学

（德）汉斯－格奥尔格·梅勒
（美）安德鲁·k.怀特海德　编

王海青　译

SPM
南方出版传媒
广东人民出版社
·广州·

图书在版编目（CIP）数据

智慧与哲学／（德）汉斯－格奥尔格·梅勒，（美）安德鲁·k.怀特海德编；王海青译.—广州：广东人民出版社，2019.8

ISBN 978-7-218-13752-0

Ⅰ.①智…　Ⅱ.①汉…　②安…　③王…　Ⅲ.①智慧—关系—哲学　Ⅳ.① B

中国版本图书馆 CIP 数据核字（2019）第 148411 号

ZHIHUI YU ZHEXUE
智慧与哲学

（德）汉斯－格奥尔格·梅勒　（美）安德鲁·k.怀特海德　编　王海青　译

出 版 人：肖风华

选题策划：钟永宁　汪　泉
责任编辑：汪　泉
特约审读：陈治宇
文字编辑：于承州　刘飞桐
装帧设计：八牛工作室
责任技编：周　杰

出版发行：广东人民出版社
地　　址：广东省广州市海珠区新港西路204号2号楼（邮政编码：510300）
电　　话：（020）85716809（总编室）
传　　真：（020）85716872
网　　址：http：// www.gdpph.com
印　　刷：广东信源彩色印务有限公司
开　　本：889毫米×1230毫米　1/32
印　　张：10.75　字　数：180千
版　　次：2019年8月第1版　2019年8月第1次印刷
定　　价：59.80元

如发现印装质量问题，影响阅读，请与出版社（020）85716808联系调换。
售书热线：（020）85716826

译者前言

王海青

　　这本哲学论文集是当代西方哲学研究成果的体现，作者都是活跃于当代西方的知名哲学家。此书体现了现今西方哲学界有代表性的老中青三代各自研究领域和研究专长的最新研究成果。这些哲学家尽管研究领域各有侧重，但正如本书的题目所示，他们都不约而同地将视角转向当代，转向哲学的社会功用和精神实践作用，同时也转向中西哲学的比较研究，有朱熹与亚里士多德关于"理"和"神"的异同比较，有儒释道三者的比较，有庄子和海德格尔对智慧的应用比较，有西方与东方超验哲学的比较，有具体以中国典籍或成语中宋国人的各种实践错误与杜威的实用主义哲学的比较，还有关注现实、关注生态的，更有化抽象哲学理念为现实功用的，如讨论阴阳太极学说在古代御术中的体现，每篇论文的内容丰富，在比较的同时，都将各自的哲学传统及代表哲学的主要观点进行了梳理和总结，实为国内哲学爱好者对西方哲学总观概览之难得读本。同时，各位哲学名家在每篇论文中的论点各有真知灼见，无论是于启迪智慧，还是于指导人生，都有其丰厚的功能和价值。

另外，这些研究领域分疏、学术成就各异的哲学名家，在各自的论文表述中也风格各异，各具特色，有的态度至诚，有的论证严谨，有的思维开阔，有的性格浪漫，化哲思为情思，并用诗歌作结。科学、哲学、文学在此交融并汇，使人在精神境界提升的同时，哲思与文思共进，人生境界得到超越。各位哲学名家所论及的古今中外的哲学先贤及他们对世界的认识，也一定会拓展我们对世界的认知，使我们不断打破固有的局限，不断破除未知的盲点，对自我、对人生，自然都是一种很好的启示。

哲学的最高境界是人生的澄静，并且能够达观、全面地处理与看待自我与周围的一切事物，如果能达到这个境界，那么我们虽然是普通人，但却也可以称得上是智慧之人了，这也是本书的书名所示：智慧与哲学。

相信大家在读了此书之后，会不断进行这方面的精神修炼，达到精神澄澈、内心平静的理想境界，最后达到中国古人所言的"不以物喜，不以己悲"的平和。这在喧嚣而又纷乱的人世之中，无论对于为人处事，还是颐养身心都大有裨益，它使我们不再局限于一事一物，也不再为暂时的困顿或一时的成功而悲喜，同时也会对突然而至的大悲大喜有了超然的认识。

　　广东人民出版社将这本汇聚当代西方哲学名家的学术专集奉献给广大读者，体现了其对当代学术的敏感与专注，也是对当代哲学研究的一份努力与贡献，相信这份努力会化作更大的价值提供给社会和读者。

前　言

汉斯－格奥尔格·梅勒　安德鲁·K.怀特海德

　　一个长期存在的问题一直萦绕在哲学家们的脑际，即哲学研究到底意味着什么。根据古希腊的这个术语，哲学（φιλοσοφία）一词是"爱智慧"（love of wisdom）之意。这个短语在英语中的歧义使它有了另外的意思。作为"爱智者"（lover of wisdom）的哲学家，既可以被理解为智慧之爱的对象，因此幸运地被祝福为有智慧的人，也可以被理解为对智慧渴望的主动追求者。

　　正如人们所怀疑的那样，恋爱中的人不一定能最准确地感知他们所爱的对象。那么问题可能就会出现：到目前为止，许多哲学家是否回避了智慧的本质？特别是在当代哲学学术的背景下，哲学与智慧之间的联系可以说比以往任何时候都更成问题。

　　现在我们已经找到了不同哲学流派关于古希腊语里的那个"哲学"的概念、其意义分歧和对立的潜在根源，它承载了"知识"、"技能"、"了解"甚至是

"合理判断"等诸多不同的含义。事实上，正如本书所显示的那样，"哲学"的这些不同含义都成为当代哲学不同流派的基石和路标。随着时代的推移，尽管哲学一词的原初意义发生了重大变化，但它有着几千年源远流长的历史，不仅把我们这个时代的后现代主义者和分析哲学家与前苏格拉底学派和柏拉图学派联系起来，而且还将西方传统与现已进入世界哲学领域的东方传统联系起来。在当代学术界，目前哲学（作为智慧）的这些古今中外的关联性往往集中体现在价值判断（社会的）或系统知识（自然的）领域：智慧作为认识论。这一点也不令人感到奇怪，只要考虑到哲学的原初概念（爱智慧）以及它相对的含义：拥有智慧——追求智慧——是如何在不同语言中构想的，这就不足为奇了。

英语中"wisdom"（智慧）一词，来源于古高地德语Wistuom，它将"wise"（明智的）与抽象的后缀"tuom"（判断）组合起来。因此，根据当代哲学学术圈的普遍认识，哲学就是"对理性判断的热爱"。这是相当恰当的。但奇怪的是，在哲学这一术语被启用之前，在启蒙运动时期德国人对哲学的传统称呼是"Weltweisheit"，翻译过来就是"智慧的世界"或"关于世界的智慧"。

如今，那些寻找一种不辜负"爱智慧"之名的哲学
家们，往往特别倾向于寻找"东方"传统，将这门学科与
其"真正"或"原始"使命重新联系起来。然而，要想
解释这一趋势，必须谨慎行事，并对当代中国和日本对
"哲学"的处理进行深入思考（要考虑"哲学"一词在
当代中国和日本的演变）。19世纪中叶，日本哲学家西周
（Nishi Amane）创造了一个新词"tetsugaku"（哲学），
用于翻译他在西方学术机构中所遇到的哲学概念。虽然这
个术语最初被直译为hirosohi（ヒロソヒ），但是西周于
1874年对tetsugaku的采用，标志着"贤"（ken）从日本
的哲学概念中被特意剔除了。取而代之的是，西周提出了
"哲"（tetsu）的概念。①西周明确选择了这个词，用以
强调哲学是一种基于现实世界的适用科学。这个术语经由
西方渊源（用来描述学院哲学家的实践），后来在汉语
中被确定为"哲学"。因此，在中国和日本，哲学的当
代概念是"哲的科学"，而这与"爱智慧"的意义相去
甚远。

然而，东方哲学家对古代西方典籍的研究，反射出

---

① 值得注意的是，西周从中国古代典籍中借用的语言，相当清晰地表明
那个时代的智慧意味着培养个人的精湛技艺，以便与其所处的环境进行最佳的
融合。根据这一传统，大多数当代哲学家认为"哲"这个词是一个明智的选
择，它至少在古典语言中被使用，也因为它的确意味着"智慧"。

西方哲学家对古代东方典籍的偏好。换句话说，哲学在其经典意义上确实需要重新融入智慧。哲学家们已经不满足于哲学研究的认识论偏重，至少因为这种研究已经有好几个世纪了。

目前情况下，哲学的学术意义也许能够在微妙的佛兰芒语词汇"Wijsbegeerte"（哲学）中得以最好表达，这个词中的"begeerte"具有"欲望""贪婪"和"妒忌"等多重含义。就此而论，本书可以说反映了哲学领域的一个大趋势，那就是哲学研究对于贪求明智判断的不满，以及让哲学回归"爱智慧"之意的愿望。把智慧看作是一种人所缺乏和交易的商品，或者把它看作建立在认识论交换价值基础上的知识衍生物，这两种压迫性的观念都将被抛弃。我们应该形成一种共识，正是应该回到拥抱生活世界中智慧之爱的时候了。

本书收录的论文，从跨文化的角度，探讨了智慧与哲学之间的关系，论述了东西方在寻求智慧方面的相似与不同之处，并尝试将两者结合起来。这些论文涵盖的主题，包括儒家伦理、先秦文学中的智慧习得，以及中国古典传统中的趣闻轶事，同时还涉及全球佛教和分析形而上学等当代论题。作为对比较哲学的原创性贡献，这些论文考察了孔子、庄子、朱熹等思想家的观念，以及亚里士多德、柏拉图和海德格尔的著作。因此，这些文章提供了理解智慧如何与哲学联系的新途径，并强调了将其重新引入当下哲学实践的意义和必要性。

本书第一部分，涉及智慧与哲学的主题。这些主题在儒家、道教和佛教等中国古典传统中都有所体现，所收集的论文侧重于不同的智慧实践和对智慧的不可言说性的认识。

在第一章中，王蓉蓉（Robin R. Wang）对中国早期御的实践和教育提出了新看法。文章认为，作为"融合才能"的御，是一个中和状态或内心和谐的例证，它不仅"超越了从柏拉图到黑格尔哲学所公认的悖论性存在"，而且"直接指向人类活动"。

江文思（Jim Behuniak）通过研究宋国人的各种故事，寻求一种智慧的否定性定义。他认为，如果智慧在中国传统中表征任何事，那么"它很可能表征宋国人正在做的、无论什么事的反面"。他指出，这种智慧的表现与约翰·杜威（John Dewey）的智力概念相似，因为"涉及以有效行动协调方法和目的"。

卜松山（Karl-Heinz Pohl）的论文，将我们的注意力引向东方古典教义中许多不同的、支配一切的共性上，尤其是一种指向行动的焦点之上。卜松山运用皮埃尔·阿多

（Pierre Hadot）"生活方式"的说法，考察了把知识和行动统一起来的理论力量，以及中国哲学对不可说、虚空和无为的重视。

第二部分的文章对不同的智慧概念作出了许多对比性论述，也提及了比较的智慧问题。这些文章在不同的智慧概念和不同的存在生活世界的描述之间作出区分，也揭示了不同哲学传统中显著的相似点、共有的各要素和共享的基本原则。

保罗·米勒（Paul Allen Miller）的论文，区分了将智慧作为知识抑或作为行动之间的差别。他广泛借鉴各种理论，指出比较哲学如何可用于突破自我理解并打开新的话语形式。米勒认为，正统的智慧概念通常用来形成同质的传统，而细致的比较分析可能会动摇这一点，并表明那些传统是多样的和分裂的。

戈尔·西古德松（Geir Sigurðsson）的《无名的圣人：希腊和中国哲学中的智慧与名望》一文，讨论了名望在东西方当代社会，特别是在哲学史上的作用。文章指出，"追求荣耀，渴望扬名四海，存在于古今中外绝大多数传统之中"；不管在哪种文化或历史时代，"需要名望"实际上是一种非常人性化的欲望。

沈美华（May Sim）的文章，比较分析了亚里士多德和朱熹的著作中对智慧的态度问题。她特别关注这两种哲学中的基本形而上学命题；认为对于朱熹和亚里士多德来说，问题在于如何理解万物必然归一的原理。沈美华指出，以朱熹的太极和亚里士多德的神作为第一原理来看，这两位思想家在智慧的中心必然触及相同的一个根本问题："存在是什么？"

史蒂文·布瑞克（Steven Burik）的文章，把海德格尔的思想与庄子的道家思想作了比较分析。布瑞克指出，庄子和海德格尔都关注他们同时代人过度沉浸于知识而最后没有参与或处理更为严肃的智慧问题的情况。他认为海德格尔和庄子可以被理解为某种情境主义者，但不赞成对他们进行大量的认识论挪用，因为他们"都认为，当我们恰当思考时，事实上我们的确实现了一个世界，而不是仅仅符合于它。"

第三部分的文章是当代有关智慧的一些主要争论，涉及精神实践、全球化问题、气候学和环境伦理学，以及概念隐喻在建立哲学目标中的作用。

肖恩·麦克格拉斯（Sean J. McGrath）坦率地认为，"当下的哲学研究受到各方面的挑战"，哲学发现它自身所处的文化从来没有像现在这样"顽固地非哲学"。麦克格拉斯借助于知识与智慧之间出现的裂缝和17世纪出现的一种新的哲学模式——"知识的知识"，提醒我们"哲学最初是一种顾及自身的实践，它假定一个人尚不明智，尚不博学，需要经历转化才能认为自己有能力获知"。出于这种考虑，我们应该依据实践哲学的要求，优先关注我们心理的、精神的、生态的、政治的停靠港，以及我们的思想、欲望、希望和恐惧。

马丁·肖恩菲尔德（Martin Schönfeld）的《面向未来的哲学与东西方智慧》一文，指出目前沦为否定推理的哲学可能已迷失了方向。他提倡改变路线，特别是规定我们应该"向气候科学中显示的理性类型学习"的路线。他将智慧定义为"存在的相关信息"，认为这些信息对存在繁荣而言至关重要。因此，肖恩菲尔德概括了智慧的三个特色，即它是伦理的、审美的和整体的。

最后一章是维多利亚·哈里森（Victoria S. Harrison）的文章，详细阐述了概念隐喻在确立和支撑哲学目标中的作用。她提醒我们，西方早期的哲学目标以视觉隐喻为基础，而中国早期的哲学目标以行动隐喻为基础。哈里森认为，这些隐喻，孕育了两种独特的把智慧作为知识的理解方式。在西方，理想的知识状态被设想成神的视角。相反，在东方，知识"主要是指在自然世界和社会世界有效地找到路径的能力"。哈里森指出，这也意味着"如此构想的知识理想能够被描述为完美的行动"。

　　感谢所有为本书的出版提供帮助的人，特别感谢Seth Crownover在本书定稿时提供的宝贵建议，还要感谢澳门大学对编辑工作的资金支持，以及布鲁姆斯伯里出版社（Bloomsbury Publishing）Andrew Wardell的耐心和支持。

目　录

　　　　　　阴阳究竟隐喻着什么！通过驾驭车马，感悟
阴阳合一的动态智慧。

　　　　　　为何在春秋时期，宋国人频频被黑？通过辨
析这些反映宋国人愚蠢行为的故事，我们可以从
中窥见一丝中国传统中"智慧"的含义。

　　　　　　从"道可道，非常道"至"言无言"，从
"不二法门"到"拈花一笑"，本篇将引领我们
进入中国道佛两教中不可言说的智慧世界。

第一部分

中国智慧

第一章 御者的智慧：
旧实践，新视角

王蓉蓉[①]

阴阳究竟隐喻着什么！通过驾驭车马，感悟阴阳合一的动态智慧。

一位中国历史的研究者曾声称："中国古代的哲学家因其融合的才能闻名于世，他们能在各种传统之间架起桥梁，而不是在各文化思想之间挖沟掘渠（作分门别类的研究）（Henderson，1999：107）[②]。"这种融合的才能是什么，我们从中能学到什么？下面首先我将简要地解释一下，这种融合的才能是中国古代形而上学的基础（从抽象的方面来说），也是他们理解自然界和人类社会本体论

[①] 王蓉蓉（Robin R Wang），女，1957年生，美籍华人。现系美国罗耀拉大学哲学系教授、亚太研究项目主任。

[②] 本书中的夹住格式如下：作者，日期：章数.节数，页码（如Amaral，1987：1.1，514）。

存在的一种方式（从现实的角度来讲）。然后我将展示一个具体的案例来说明这种融合才能的形成和在实践中的应用。

中国古代智慧的基石

在中国古代哲人眼中，大自然和人类社会似乎遵循着一些非常简单的法则。也就是说，世界可以用一些基本原则来解释。他们依据这些基本原则，对观察到的现象进行了诸多阐释。在这些原则中，最重要的也许就是阴阳这个概念的普遍使用和有效体现（Wang，2012）。阴阳可以被视为中国古代思维方式的基石。[①]

这个基石可以让我们从不同的角度来看世界，并使我们的观点达到一种更平衡的境地。《道德经》第四十二章说："道生一，一生二，二生三，三生万物。万物负阴而抱阳，冲气以为和。"这句话引发了一些有趣的哲学问题：为什么三元之气形成的万物都包含了阴阳？[②]

[①] 据约翰·霍兰德说，"积木是在复杂的世界中运用洞察力行动的普遍而关键的基础。例如，人类的知觉主要包括把众所周知的简单的成分结合起来，来描述熟悉的现象……稍微思考一下，就会发现我们通过组合熟悉的构件来接近所有熟悉和不熟悉的对象"。

[②] 阴阳观念在支撑中华民族的文化发展中发挥着重要的概念作用。在历史、宗教、艺术、医学、哲学以及生活的各个方面，都可以很容易地认识到它的多种功能。

一（阴）加一（阳）能大于二吗？如果是这样，它们是怎样运行的？"冲"一词的含义与"中"（和谐）在中国典籍中是一样的。冲气以为和，阴阳二气互相激荡而成新的和谐体。"中"是阴阳交互的结果，这也是《道德经》中对阴阳进一步阐释的独特价值。

《太平经》①是继老子的《道德经》之后的早期道教文献，它对阴阳的概念作了更明确的阐述。贯穿全文的是对三个术语的讨论和它们在现实中的具体体现，这三个概念是，阴、阳、中和（和谐）（Jilin，2001）：

> 元气有三名，太阳、太阴、中和。形体有三名，天、地、人。天有三名，日、月、星，北极为中也。地有三名，为山、川、平土。人有三名，父、母、子。治有三名，君、臣、民。欲太平也，此三者常当腹心，不失铢分，使同一忧合成一家，立致太平，延年不疑矣。

《太平经》还说，为了达到天地之间的太平，这三

---

① 围绕这个文本已经有一些激烈争论的问题，其中之一就是日期。据说在汉朝有三个文本有这个名字。但目前的版本被认为是来自东汉末年，被收集在原始道教文本明朝。另一个问题涉及案文的作者。普遍的看法是，这不是单个作者的作品，而是少数作者在一段时间内完成的。

个要素（阴、阳二气和由此产生的中和之气）必须结合在一起成为"太和"。"三气合并为太和之气。太和即出太平之气。断绝此三气，一气绝不达，太和不至，太平不出。阴阳者，要在中和。中和气得，万物滋生，人民和调，王治太平。"（Jilin，2001：29-31）

很显然，"中和"有两个特征：一是阴阳交和，二是"太阴、太阳、中和"三气的融合。对《太平经》来说，这个三合是"太和"的根源。"阴阳相得，交而为和。与中和气三合，共养凡物。三气相爱相通，无复有害者。"

《太平经》里还阐述了作为宇宙初创基石的这三气的构成，天（太阳）在上，地（太阴）在下，人居中央，"凡事悉皆三合相通，乃道可成"，即达到万物各得其所，形成一个和谐的世界。"共生和，三事常相通，并力同心，共治一职，共成一事；如不足一事便凶。故有阳无阴，不能独生，治亦绝灭；有阴无阳，亦不能独生，治亦绝灭；有阴有阳而无和，不能传其类，亦绝灭。"

因此，这三气在这一经典文本中占据了特殊的地位。在《太平经》的第三十章中，我们读到："太阴、太阳、中和三气，共为理，更相感动，人为枢机，故当深知之。"第四十八章是专门介绍中和之气的。文中说，这个新产生的中和之气，是一种本身的自我存在，它是阴、阳二气互动，各自超越自身，是它们二者接受、互补或相互依赖而生成的。它是在阴阳二气调和中产生的第三者。

这个"三合"或者说"中和"，可以表达为和谐。和谐来自希腊语"harmonia"，意思是"融合在一起"。在希腊的早期哲学文本中有很多关于此的讨论。

作为在东西方占主导地位的自然观，元气论和原子论都属于朴素的唯物论，它们肯定了世界本源的物质性，并把它们分别归结为"元气"和"原子"。尽管元气和原子分别被东方和西方学者认定为世界的究极本源，属于客观的物质存在，但双方对这种本原的认识却迥然相异。

笛卡儿因果和谐理论旨在解释实体的非原子方面："它们之所以存在，仅仅是因为它们与其他事物的关系……它们位于一个因果关系的网络中"。"和谐作为因果解释的一种形式，是建立在因果关系的概念基础之上的"（Amaral，1987/88：514）。

在中国古代，"和"（和谐）是不同的因素以适当的比例，在特定的时间和地点，三气合并为太和。这"三气相通"既是宇宙本身，也是自然种类、性质、元素、事件和世界的主要解释手段。为了阐明中国古人的自然观和世界观，弗朗索瓦·朱利安提出了一个新的"逻辑倾向"概念。这种"逻辑趋势"包含了中国思想不能分离的两种观点：第一，在现实中，一切都是内在发展的结果，不需要援引任何外部因果关系；第二，认为这种自发过程本身就是一种极其强大的调节力量，同时它的规范和原则基于对现实的超越（Jullien，1999：231）。这个论断具有高度的概括性与抽象性。

然而，朱利安并没有为这种"逻辑倾向"提供理由，而"阴阳三合"理论可以对这个问题进行解释。世界是由阴阳相互作用而形成的。阴阳是世间万物存在的属性，并且最终导致万物的产生、存在和延续，不需要其他外部原因解释事物成长与变化。正如《易经》所言："一阴一阳谓之道"，阴阳是事物发生的充分必要条件，这也是当时古人对事物规律的理解。阴阳成为了天、地、人所有事物的构成与发展的总规律。每当阴阳失衡，事物就会在方式和现象中出现变化。

中医学理论体系，处处体现着阴阳学说的思想。阴阳学说被用来阐释人体的组织结构、生理功能及病理变化，并用于指导疾病的诊断和治疗。阴盛阳固，它们自我调节，以保持平衡。阴阳不是彼此孤立存在，而是在动态下相互作用。

这个世界，从地球到陆地上的动植物，都是一个互相关联的整体，彼此关联和谐存在。那么是谁对这种和谐负责呢？在许多西方人的心目中，上帝或灵魂是这种和谐的创因。

然而，在中国古人那里，阴阳是对蕴藏在自然规律背后的、推动自然规律发展变化的基础因素的描述，是各种事物孕育、发展、成熟、衰退直至消亡的原动力，阴阳既是和谐的基础，又是和谐本身。进化生物学家可能会问这样一个问题："赋予生命世界以美的压倒性秩序的源泉是什么？"（kauffman，1993）。

他们看到了有机体内自发秩序的出现和自我组织的发生。这就是有机体的复杂性。当代生物学、数学、化学和物理学都揭示了有机体复杂系统中自我生成和自发管理的力量。这表明达尔文的自然选择并不是生物体秩序的唯一来源。在复杂的生命系统中，存在着自序机制。"这令人惊讶的自我调适机制是这样的，各种元素相互联系形成巨大网络，在三个领域发挥作用：有序、混乱和秩序与混乱之间的复杂地带"（Kauffman，1993）。

同时，阴阳也是事物存在的一种二元对立的结构。据说尼采曾将存在表述为"一个疲倦的人的发明，他们无法忍受一个不断变化和永恒成长的世界"（Vaught，2004：108）。

尼采把西方哲学的本体论历史看作虚无主义的历史是正确的，因为存在和时间之间存在着一种张力。他的深刻洞见影响了海德格尔对存在（Being）的质疑：当存在与时间对比时它是否还存在，它怎样变化以及随后如何被冻结和静止（这些都是西方本体遭到质疑和无法解释的）。然而中国古代的阴阳理论将事物的"存在"视作阴阳在一定时间和空间内相互转化的过程（阴阳互动，交而为和）。自然界中的一切现象都存在着阴阳相互对立而又相互作用的关系，世界本身就是阴阳对立统一运动的结果，或者套用朱利安的话说，是一种"逻辑倾向"。一般来说，动者为阳，静者为阴；此乃双方立于对等地位而运用其变化者也。在一种情况下，太极含阴阳，阴阳孕动静。一阴一阳交，一动一静交，则万物生而天地成矣。阴阳实相消相长，而动静亦相对相生。阴阳成为大自然内在力量，从内部引导、塑造或指导自然过程，是人类行为的内部指导因素。阴阳三合思想反映了阴阳调和产生的多样性和差异性。其他一些重要的哲学概念随之产生，例如中医中的体（结构）和用（功能）的概念。体（结构）为阴，用为阳（功能）；体指的是器官的本身，用则指的是器官的功能和作用，甚至包括这个脏器的病理变化。这为掌握人类生理系统和建立健康的生活方式提供了一条有趣的途径。例如，一个人加强身体某些方面的训练，比如通过举重，他身体的强度功能将得到加强，那么当作为一名足球运动员，他会在赛场上有良好表现。然而，如果另一个人通过长跑来提高耐力，那么当他成为一名长跑运动员，他身体的耐力功能将得到很好体现。这些足以说明阴阳相互转化会给人体功能带来不同的影响。

驾御车马：培养智慧的方式

阴阳相合是世界永恒的生命镜像，它展示了现实的三重结构。把这种状态描述为中和不仅超越了从柏拉图到黑格尔的矛盾存在，而且直接指向了人的行为。

让我们以中国早期历史上一个特殊的例子："骑御"为例。马在中国古人的生活和社会中起着很重要作用，奚仲发明了车后，人们在生活中使用车马，战争中更离不开车马。

马在中国古代的战争中占据重要地位，因为春秋以前的职业化军队主要由贵族出身的子弟组成，战争方式主要是战车的列阵、对阵、冲锋，而古代的战车是由马拉的。形容哪个国家军力强盛，就称呼它为千乘之国、万乘之国之类。马也是当时军事文化、胜利和统治者的象征，马宣扬着统治者的军事成就。宝马在帝王眼里不仅是宝马，更是一个伟大的象征，象征着帝国对外族的征服，而且有德有威，强盛有加。司马，全国军队的最高管理官（字面意思是专门负责管马匹的官），殷商时代始置，位列三公，是非常重要的军职。

马在中国先秦许多典籍中也是一个非常重要的形象。它甚至是语言和逻辑争论的一个常见范例："白马非马"是中国古代的逻辑学家公孙龙（约公元前320年—前250年）提出的一个著名的逻辑问题。庄子甚至说"万物一马也"。天地可以同属性，万物可以一马名。人和马之间有一种特殊的关系，我们从湖南长沙马王堆第三号汉墓出土的帛书《相马经》中了解到，马之于古人就像大禹治水和后稷教民稼穑一样重要。

大禹的治水之道是遵循水之道；赵福御马是遵循马之道；后稷教民稼穑，是遵循农业生产之道。万物皆有道，但是人的自我修养是最重要的道。因此，君子首先选择的是为人之道。

骑马驾车之道在古汉语里就是"御"，即驾驶战车的技巧。在《淮南子》中有以御车比喻阴阳运行的表述：

"是故大丈夫恬然无思，澹然无虑，以天为盖，以地为舆，四时为马，阴阳为御，乘云陵霄，与造化者俱。纵志舒节，以驰大区……故以天为盖，则无不覆也；以地为舆，则无不载也；四时为马，则无不使也；阴阳为御，则无不备也。是故疾而不摇，远而不劳，四支不动，聪明不损，而知八纮九野之形埒者，何也？执道要之柄，而游于无穷之地。默然自得。"

御，是古代周礼的六艺之一①。御是会意字，在字形上分为三部分：左为"行"的省写，中为绳索形，右是"人"形。意为人握辔行于道中，即驾驶车马。本义为驾驶车马，后扩展到泛指驾驭万物。从约束以为己用的个人生活到御世的治理天下、统治人民，我们可以推测为什么骑马会是周礼的六艺之一：因为它能通过阴阳的潜移默化来将一个人训练成出色的御者——一个人可以很容易和巧妙地将自己与所处的环境联系起来。

"五御"是驾车的五种技巧，包括：

鸣和鸾：谓行车时和鸾之声相应。

逐水车：随曲岸疾驰而不坠水。

过君表：经过天子的表位有礼仪。

舞交衢：过通道而驱驰自如。

逐禽左：行猎时追逐禽兽从左面射获。

如我们所见，五御不仅仅是为了赢得比试。在《韩

---

① 其他五种艺术是：礼节、音乐、射箭、书法、数学。

非子·喻老》中有赵襄王学御于王子期的故事：

战国赵襄王向王子期学习驾车技术，没多久就要跟王子期比赛。赛时，他三次改换马匹而三次都落在王子期后边。襄王说："你教我驾车的技术，一定留着一手，没有完全教给我。"王子期回答道："我已经把技术全都教给您了，只是您在使用的时候有毛病。不管驾驶什么车辆，最重要的是，马套上辕，要跟车辆配合稳妥；人赶着马，注意力要放在人的指引与马的奔跑相协调上，然后，才可以加快速度，跑得很远。现在，你在我后面，一心只想追上我；你在我前面，又怕我追了上来。其实，驾驭（引导）马匹长途奔驰，不跑在前面，便是落在后面。而你无论在前在后，注意力全都集中在我的身上，还顾得上与马匹的奔跑协调一致吗？这就是你落在后边的原因了。"

很明显，一个好的御者必须能全神贯注，反应灵活，而不是仅仅焦虑于谁将赢得比赛。驾御战车的技巧不是一种"勇"的问题，而是一种"智"的体现，是化身为领航者的策略。以上的五个标准定义了一个优秀的御者。根据《韩非子》中的隐喻，我们可以看到它们是一种阴阳智慧的展示。这种技巧，或者说"术"，可以从两个不同的角度来分析。

首先，阴阳是中国古人认识宇宙事物的一种思维方法。古人认为阴阳指世界上一切事物中都具有的两种既互相对立又互相联系的力量。就御术而言，其体现为通过运动实现人与马的有效互动。驾御马车的外部因素，包括马的种类、当时它们的状态、当时场地的地形、天气和人的目标。骑手的状态与许多外部因素相关，这些因素可能干扰他，并引发不同的反应。它是一种处理内外干扰的开放与动态的过程。

《淮南子》告诉我们，你用你的手感受，但却通过你的内心、思想作出回应。通俗而言，即"得心应手"。在这个方面，世界对御者而言不是被观察到，而是被感觉到的。所有的感官联系（包括视觉）都是一种感觉上的反应；就像阳光的刺痛或狂风的冲撞，视觉也有类似的感觉。它涉及身心共同努力。在"造父学御"这个寓言故事中，列子以另一种方式描述了御车的艺术：

造父的师傅名叫泰豆先生。造父开始跟着他学习驾御（马车）的时候，行礼很谦恭，泰豆三年没有教（任何东西）。造父礼节上更加恭敬小心，于是（泰豆）跟他说："古诗有言：'擅长制造良弓的人，必须先做簸箕；擅长冶炼的人，必须先做皮革处理。'你先（注意）观看我快走的姿势。快走的姿势像我一样了，然后才可以掌握住六根缰绳，驾御好六匹马（的马车）。"

造父说："完全遵照您的教导办。"

泰豆便立起一根根木桩当路，每根木桩的面积仅够放上一只脚，木桩之间的距离是按一步路一根放置的。人踩在木桩上行走，快步往返，决不会失足跌倒。造父跟着老师学，三天时间就掌握了全部技巧。

泰豆感慨道："你怎么那样灵敏？掌握得这样快啊！凡是驾车的人，也是像你这样的。先前你走木桩，得力于足下，足下又是顺应心的指挥。把这个道理推广到驾车上来，就是通过协调马缰绳、马嚼子使车子走得平稳，控制调和马匹使车走得或快或慢。正确的驾车法在你心中，御马的节奏则由你的手来掌握。你内心懂得了驾车的法则，对外你又能适应马的脾气，因之能做到进退笔直，旋转合乎圆规曲尺的要求，跑的路远，可是力气依然用不完，这样才可以说真正掌握到驾车的技术。控制住马嚼子，是顺应着缰绳；掌握马缰绳，是顺应着手的操纵；手的操纵，是听从心的指挥。那就可以不用眼睛看，不用马鞭子赶；心里悠闲自得，身体坐得端端正正，而六根缰绳一点不乱，二十四只马蹄跨出去没有丝毫差错；倒车转弯，或进或退，没有不合拍的。这样，车道的大小仅能容车轮就够了，马蹄踏的宽度之外，不必有多余的地盘；从来不会觉得山谷崎岖危险，原野宽阔平坦，在我看来，它们都一样。我的技术全部说完了，你好好记住它！"

　　著名的理学家朱熹和曹端，用马和御者的比喻来讨论太极和气的动静关系："自周子谓'太极动而生阳，静而生阴'，则阴阳之生，由乎太极之动静，而朱子之解极明备矣。其曰'有太极，则一动一静而两仪分，有阴阳，则一变一合而五行具'，尤不异焉。及观《语录》，却谓太极不会自动静，乘阴阳之动静而动静耳。遂谓理之乘气，犹人之乘马，马之一出一入，而人亦与之一出一入，以喻气之一动一静，而理与之一动一静，若然，则人为死人，而不足以为万物之灵，理为死理，而不足以为万化之原。理何足尚，而人何足贵哉？今使活人乘马，则其出入行止疾徐，一由乎人驭之何如耳。"

　　曹端此辨即自《朱文公易说》卷一"问：太极者本然之妙；动静者，所乘之机也，如何？先生曰：太极，理也；动静，气也。气行则理亦行，二者尝相依而未尝相离也。太极犹人，动静犹马，马所以载人，人所以乘马，马之一出一入，人亦与之一出一入。盖一动一静，而太极之妙未尝不在焉"一段语录而发。

　　在《庄子》中，我们看到了阴阳调和的概念，认为它是调谐和的体现。在第二十四章，《庄子·杂篇·徐无鬼第二十四》中，就通过辩论阐释调和之道：

庄子说："没有预先瞄准，乱放一箭，碰巧中靶，便自称神射手，那么普天下都是羿那样善射的人，可以这样说吗？"惠子说："可以。"

庄子说："天下本没有共同认可的正确标准，却各以自己认可的标准为正确，那么普天下都是唐尧那样圣明的人，可以这样说吗？"惠子说："可以。"

庄子说："那么郑缓、墨翟、杨朱、公孙龙四家，跟先生你一道便是五家，到底谁是正确的呢？或者都像是周初的鲁遽那样吗？鲁遽的弟子说：'我学得了先生的学问，我能够在冬天生火烧饭，在夏天制出冰块。'鲁遽说：'这只不过是用具有阳气的东西来招引出具有阳气的东西，用具有阴气的东西来招引出具有阴气的东西，不是我所倡导的学问。我告诉你我所主张的道理。'于是当众调整好瑟弦，放一张瑟在堂上，放一张瑟在内室，弹奏起这张瑟的宫音而那张瑟的宫音也随之应合，弹奏那张瑟的角音而这张瑟的角音也随之应合，是调类相同的缘故啊。如果其中任何一根弦改了调，五个音不能和谐，弹奏起来，二十五根弦都发出震颤，然而却始终不会发出不同的声音，这才能被称为乐音之王。而你们恐怕就是像如此吧？"惠子说："如今郑缓、墨翟、杨朱、公孙龙，他们正跟我一道辩论，相互间用言辞进行指责，相互间用声望压制对方，却从不曾认为自己是不正确的，那么将会怎么样呢？”

列子亦讲述了一个关于演奏的故事：春天弹奏秋天的音律，让人觉得凉风吹来；冬天弹奏夏天的音律，让人觉得阳光炽热（《郑师文学琴》）。阴阳不是将事物一一匹配，而是在任何特定的情况下与起作用的关键要素发生共鸣，并巧妙产生效果。

阴阳运动的第二个方面是适应性。骑马是外部力量与内部约束一起导致的适应性。在这方面，适应不是稳定或和谐的同义词，而是更接近于应对实际环境干扰的能力。它更多的是关于功效而不是关于和谐。例如，如果马行走缓慢，但骑车者需要更快行驶怎么办？御者需要让马尽可能快地前进。控制住马嚼子，是顺应着缰绳；掌握马缰绳，是顺应着手的操纵；手的操纵，是听从心的指挥。列子解释说：均衡给予与索求是和世界相处的根本原则（Graham，1990：104）。何为均衡？就是能控制车轮任意转向的中心，御者只有协调好所有变量至预期结果，才能发挥其功效，达到他的目标。御者将周围的环境融入其感知—反应循环之中来保持骑御的高效与均衡。

骑马也需要人类的适应能力，“适者生存”是人类的生存法则。阴阳作为一种适应力，是自我与世界互动不可或缺的媒介，是中国古代文明中对蕴藏在自然规律背后的、推动自然规律发展变化的基础因素的描述，是各种事物孕育、发展、成熟、衰退直至消亡的原动力，这是人类生命的节奏、地球的变化、宇宙间的最基本要素。阴阳的神喻或玄妙的状态，导致了道教的"阴阳合一说"。只有圣人才懂得如何运用或"得道"。道不仅指知晓规律，还指知道如何运用自然的力量，如在流水中驾船，或在海上乘风航行。这可以扩展到人生的任何方面，从个人生活到社会政治。因此，智慧是以知识为基础的，但智慧不是僵死的，它是变化和动态的。御者的技艺不仅为我们提供了对智慧概念的理解，更重要的是，它提供了一种方式，使我们变得明智，或成为智者，从而过上一种欣欣向荣的生活。

参考文献：

1. AMARAL P, 1987. Harmony in Descartes and the Medical Philosophers. *Philosophy Research Archives*, 13.

2. CHEN Q Y（陈奇猷），2000. *Hanfeizi*（韩非子新校注）. Shanghai: Shanghai Guji Press(上海古籍出版社）.

3. GRAHAM A C, 1990. *The Book of Lieh-Tzu: A Classic of Tao*. New York: Columbia University Press.

4. HENDERSON J B, 1999. *Imaging Boundaries: Changing Confucian Doctries, Texts, and Hermeneutics*. New York: SUNY Press.

5. HOLLAND J H, 2002. Complex Adaptive System and Spontaneous Emergence. *Complexity and Industrial Clusters*. Heidelberg: Physica-Verlag.

6. YANG J L（杨寄林）, 2001. *Taipingjing: Classic of Great Peace*（太平经）. Shijiazhuan: Hebei People's Press（河北人民出版社）.

7. JULLIEN F, 1999. *The Propensity of Things: Toward A History of Efficacy in China*. New York: Zone Books.

8. KAUFFMAN S A, 1993. *The Origins of Order: Self-Organization and Selection in Evolution*. Oxford: Oxford University Press.

9. Li J D（黎靖德）, 1999. *Sayings of Zhuzi*（朱子语类）. Beijing: Chinese Press（中华书局）, 94.

10. ROTH H D, 2010. *The Huainanzi, A Guide to The Theory and Practice of Government in Early China*. New York: Columbia University Press.

11.　VAUGHT C G，2004. *Metaphor, Analogy, and the Place of Places: Where Religion and Philosophy Meet*. Waco：Baylor University Press.

12.　Wang B（王弼），1980. *Zhouyi Lueli*（周易略例）. Beijing：Chinese Press.

13.　Wang R R，2012. *Yinyang: The Way of Heaven and Earth in Chinese Thought and Culture*. Cambridge：Cambridge University Press.

14.　LIU Z(刘钊)，2005. *Guodian Chujian Jiaoshi*（郭店楚简校释）. Fuzhou：Fujian People's Press（福建人民出版社）.

15.　ZIPORYN B，2009. *Zhuangzi: The Essential Writings with Selections from Traditional Commentaries*. Indianapolis and Cambridge：Hackett Publishing Company，Inc.

第二章　愚蠢的教训：
智慧与宋国①人

江文思②

为何在春秋时期，宋国人频频被黑？通过辨析这些反映宋国人愚蠢行为的故事，我们可以从中窥见一丝中国传统文化中"智慧"的含义。

目前尚不清楚春秋战国时的宋国人是如何获得他们的名声的，但在中国古典文学中充满了他们愚蠢的故事。这些故事在先秦时被广泛引用，并且出现于多个典籍，应用于不同目的。例如，在《列子》《韩非子》和《淮南子》中出现的"莫辨楮叶"的故事：

---

① 宋国，西周及春秋战国时期诸侯国。河南商丘一带，都城睢阳（今河南商丘）。其疆域最大时包括河南东北部、江苏西北部、安徽北部、山东西南部。

② 江文思（Jim Behuniak），科尔比学院副教授，研究领域包括中国哲学与美国哲学，代表作有《孟子心性之学》《孟子论"成人"》。

宋人有为其君以象为楮叶者，三年而成。丰杀茎柯，毫芒繁泽，乱之楮叶之中而不可别也。此人遂以功食禄于宋邦。列子闻之曰："使天地三年而成一叶，则物之有叶者寡矣。"故不乘天地之资而载一人之身，不随道理之数而学一人之智，此皆一叶之行也。故冬耕之稼，后稷不能美也；丰年大禾，臧获不能恶也。以一人之力，则后稷不足；随自然，则臧获有余。故曰："恃万物之自然而不敢为也。"

故事说一个宋国人花了三年时间用珍贵材料制作桑叶（有人说是象牙，有人说是玉）。它的宽狭、筋脉、绒毛、色泽，即使是混杂在真的楮叶中也不能辨别出来。宋国的君主非常喜欢，他给了这个宋国人一份丰厚的官俸，让他继续制作珍贵的叶子。列子以这个故事说明了个人不顺应自然而仅凭人为的本事模仿自然是浪费时间的愚蠢行为（Graham，1960：161）。韩非以这个故事说明了个人无视事物的综合因素，试图单方面产生结果的愚蠢（Liao，1959）。淮南子以这个故事说明了在天道中，个人强调自我的作用，而忽视了天人关系的愚蠢（《春秋繁露》①）。对于墨家来说，这个故事可以揭示国君肆意浪费的愚蠢行为。

任何一个有关宋国人的愚蠢故事都可以适用于各种哲学观点的例证。同样的例子在中国较早的典籍如《诗经》《尚书》中也能见到。但特别明显的是，每个引用这些故事的人，不管他们的哲学观点如何，都同意宋国人是愚蠢的。在当时还出现了"讽宋"现象，宋国人被诸子嘲讽，这种嘲讽超越了不同的哲学流派。愚蠢的宋国人作为思想贫乏的象征，他们的想法在先秦诸子眼中是荒谬的。从这个角度来看，宋国人的故事为我们思考"智慧"提供了另一途径。与其通过"智慧""明白"这样的词来对"智慧"进行正面描述，不如从宋人的缺点入手，从"智慧"反面的"不智慧"做法中去验证什么是"智慧"，即：如果"智慧"一般是指什么，那么这些宋国人的愚蠢故事中的做法都是与之相反的。因此，如果从正面的"智慧"来看，下面这些宋国人的故事则体现了什么是与智慧背道而驰的。

经过仔细研究，我发现从宋国人故事中体现出的

---

① 《春秋繁露》大力宣扬"三纲"、"五常"的封建道德观，力证封建等级制度和伦常关系的合法性。书中将自然现象与社会问题进行无类比附，得出自己需要的结论，人类、宇宙万物及其变化都是天意的安排，天的意志决定人的认识。

中国先秦时"智慧"的含义（常识，明智的言行）与约翰·杜威（John Dewey）所称的"才智"（特殊才智；运用、展开智慧的能力）相似。对于杜威来说，智慧包含了在有效行动中手段和目的的一致性，而这正是宋国人一贯缺乏的。亚里士多德关于"智慧"（索菲亚，即智慧、聪明之意）的概念，即对既定目标的静态沉思，对理解宋国人的缺点并没多大帮助。事实上，这种"智慧"只能加深他的失败。亚里士多德"审慎"（实践智慧）的观点更有帮助，但它并没有比杜威所说的"智力"在现实中更有优势，以下我将论证这一点。

从实用的角度来看，花费数年时间用象牙或玉制作一件东西，结果却让它变得几乎与人们能从地上捡起来的东西一模一样，这是愚蠢的，是无谓的浪费时间。宋国人经常以这种徒劳无益的追求而闻名。有时这些徒劳无功是以失败的商业计划体现的。

在《庄子》中有个宋国人卖帽的故事："宋人资章甫（帽子）而适诸越，越人断发文身，无所用之。"意思是说宋国人爱戴帽子，就以为天下之人必得都戴帽子。殊不知越国人并不如此，他们崇尚剪短头发，身上刺着花纹。风俗习惯和中原地区完全不同，根本用不着帽子。帽子对他们"无所用"。庄子的这个故事告诉我们，不要以自己想当然的价值观去评估这个世界。这种糟糕想法也是宋国人没有根据客观实际而主观推想的结果。

第二个例子出自庄子《庄子·逍遥游》：

> 庄子曰："夫子固拙于用大矣。宋人有善为不龟手之药者，世世以洴澼絖为事。客闻之，请买其方百金。聚族而谋曰：'我世世为洴澼絖，不过数金，今一朝而鬻技百金，请与之。'客得之，以说吴王。越有难，吴王使之将，冬，与越人水战，大败越人。裂地而封之。能不龟手一也，或以封，或不免于洴澼絖，则所用之异也。今子有五石之瓠，何不虑以为大樽，而浮于江湖，而忧其瓠落无所容？则夫子犹有蓬之心也夫！"

庄子说："先生实在是不善于使用大东西啊！宋国有一善于调制不皲手药物的人家，世世代代以漂洗丝絮为职业。有个游客听说了这件事，愿意用百金的高价收买他的药方。全家人聚集在一起商量：'我们世世代代在河水里漂洗丝絮，所得不过数金，如今一下子就可卖得百金。还是把药方卖给他吧。'游客得到药方，来游说吴王。正巧越国发难，吴王派他统率部队，冬天跟越军在水上交战，大败越军，于是吴王划割土地重赏他。药方是同样的，有的人用它来获得封赏，有的人却只能靠它在水中漂洗丝絮，能使手不皲裂。这是使用的方法不同。如今你有五石容积的大葫芦，怎么不考虑用它来制成腰舟，泛舟于江湖之上，却担忧葫芦太大无处可容？看来先生你还是心窍不通啊！"

庄子用这个故事阐述了什么是充分和最大地利用事物（"用大"）。它表明了，由于思想的局限性，不同人使用同一件事物会有不同结果。在这则故事中，宋国人实际的愚蠢并没有被用来说教。如果有，那就可能会被用于说明专注于短期目标、没有充分发挥事物的潜力，或者忽视大局的愚蠢。

第三个例子是：宋国人通常被认为对自己处境视而不见。《韩非子·外储说右上》告诉了我们一个关于宋国人因卖酒而苦恼的故事。

宋人有酤酒者，升概甚平，遇客甚谨，为酒甚美，县帜甚高着，然不售，酒酸。怪其故，问其所知长者杨倩。倩曰："汝狗猛邪？"曰："狗猛则酒何故而不售？"曰："人畏焉。或令孺子怀钱，挈壶瓮而往酤，而狗迓而龁（hé）之，此酒所以酸而不售也。"夫国也有狗，有道之士怀其术而欲明万乘之主，大臣为猛狗，迎而龁之。此人主之所以蔽胁，而有道之士所以不用也。

宋国有一个卖酒的人，卖酒的量器非常公平，对待顾客很有礼貌，酿的酒味道醇厚，挂的酒旗很高很明显，但酒就是卖不出去，之后变质变酸了。卖酒人为这件事感到很奇怪，就去问有知识的老年人杨倩。杨倩问："你的狗凶猛吗？"卖酒人说："狗凶猛，那么酒为什么卖不出去呢？"杨倩说："人们害怕它啊。有人叫小孩带了钱，提了酒壶前来买酒，而那狗迎上去咬他们，这就是你的酒变酸而卖不掉的原因啊。"这个卖酒的宋国人根本不知道他酒店外周围环境的情况。

从以上故事来看，一般来讲，故事中的宋国人代表了缺乏有效行动的人，他们的失败体现为两种形式：一种是投入大量的时间与精力，但取得的结果，却微不足道。例如在"莫辨楮叶"和"防冻手的药"这两个故事中，他们的投入与产出不平衡。他们没有将自己的投入变得更有价值；另一种失败体现在，他们对具体的客观现实视而不见。在《庄子》"宋人卖帽"和《韩非子》"宋人酤酒"这两个故事中，那个卖酒的人忽视了他的恶狗，那个卖帽的人忽视了某些人对戴帽子的反感，他们对环境因素考虑不足（而只凭主观臆断），从而无法达到自己的目的。

从功利上讲，就目的和手段而言，下面的这个宋国人的故事又是一个灾难性的案件。他想草率直达目的，强行解决问题，但却破坏了实现这一目标的任何手段。吕不韦《吕氏春秋》"宋人御马"写道：

> 宋人有取道者，其马不进，倒而投之鸂水。又复取道，其马不进，又倒而投之鸂水。如此者三。

宋国有一个赶路的人，他的马不肯前进，他就杀死一匹马，并把尸体扔进河里。接着他又继续赶路，他的马还是不肯前进，他又杀死一匹马，并把尸体投到溪水里去。像这样的错误连续了三次。宋国人往往想通过一些异想天开的手段取得结果，但在现实中却是行不通的。

在《韩非子·外储说左上》"棘刺母猴"这个故事中：

燕王喜好细小巧妙的玩物，一个卫国人向燕王许诺，他可以在枣树树尖上雕刻一只母猴。燕王支持并供养他，但一直未见结果。一位仆从最后提醒燕王："通常情况下，雕刻的工具必须小于雕刻的对象。"换言之，他的手段无法达到想要的结果。

宋国人的愚蠢故事表明，目的和手段脱节会导致的各种各样的愚蠢行为。在此基础上，我们可以理解中国传统中"智慧"的含义。至少从亚里士多德开始，"智慧"（索菲娅）就与正确地选择目标有关。亚里士多德教导我们，智慧包括运用理性去探求世界是什么以及我们应该追求什么样的普遍真理。在亚里士多德看来，这种"智慧"是心智的，在原则上与人类的具体活动相分离。事实上，其最好与社会生产活动相分离，因为"这种活动是以自我喜好为特征，在自我沉思之外并无更多所得，而在实践中，我们或多或少地从行动中得到了好处"（McKeon，2001：1104）。智慧的另一种形式，"审慎"（或者说：实践智慧），是对人类活动及其结果的深思熟虑。因此，它不仅与目的有关，而且也与实现目的的特定手段有关。在亚里士多德看来，审慎并不"只关心普遍性——它还必须认识到特殊性；因为它是实用的，而实践与细节有关"（McKeon，2001：1028）。理想情况下，审慎保持其目的和手段之间的连续性，或者如亚里士多德所见，保持其"普遍性"和"特殊性"。与"智慧"（聪明）相反，审慎（实践智慧）更注重"后者（细节）而不是前者（共性）"（Mckeon，2001：1029）。

亚里士多德有许多关于目标与手段之间正确关系的论述，但他对抽象智慧与实践智慧相区别的理念，使他在智慧问题上与中国古代思想家少有契合。一般来讲，中国古代思想家并没有找到脱离于现实活动之上的普遍真理。墨子是一个例外，因为他认为"天的意志"（即"天志"）规范制约人们的思想和行为。"天志"的核心是"兼相爱，交相利"。墨子推崇"天志"的目的在于强调法律的公正和平等。这为人类提供了一个不变的"标准"（法度礼仪），让我们从人类经验中寻找这个标准（Johnston，2010：159）。亚里士多德的"智慧"概念可能对理解墨子的"天志"有所帮助。然而，墨子在儒家和道教中都被视为非正统，这一事实只会凸显他的古怪。

这就是约翰·杜威（John Dewey）[1]的作用所在，因为与亚里士多德不同，他没有把"智慧"和实践活动分离开来。按照惯例，杜威还将"智慧"定义为对目的的规划。他写道："'智慧'，是一种预见结果的能力，通过这种方式，我们促进、加强事物彼此之间的联系，最终促成结果。（Dewey 2008a：210）"

---

① 约翰·杜威（john Dewey，1859—1952），美国哲学家，实用主义的集大成者。

　　然而，与亚里士多德不同的是，杜威不认为"目标对象"与现实活动相脱离，是固定和已生成的，并等待人类的智者去认识与探究。结果，对于杜威来讲，不能通过形而上的哲学探究或者理论来理解，而应通过活动和经验来达到，并随着经验的改变和成长而改变和成长。正如拉里·希克曼（Larry A.Hickman）所解释的那样，杜威的"目标"是他所谓的"可视的结果"——只有在为了确保实现这些目标而设计和试验的手段之间不断地相互作用时，这些目标才会具有活力。（Hickman，1992：12）。希克曼认为，由此产生的工具主义不是"直线工具主义"（1992：13）。

　　杜威强调在活动中手段和目的之间的相互作用和连续性，以此确保我们能得到想要的东西。对杜威来说，任何手段和目的之间的差异都是问题，是事物顺利发展中的小故障，需要解决和修复。在这种情况下，杜威不诉诸"智慧"。事实上，他很少使用这个词。他转而求助于"智力"。

　　指责宋国人缺乏"智慧"（认知方面）或者"智力"（实践的行为能力方面）都没有关系。宋国人的愚蠢与其说是缺乏"智慧"（对智慧的认知方面），不如说是缺乏"智力"（丰富的实践经验和明智的行为能力）。正如我所指出的，宋国人总是手段和目的脱节，这表明他们缺乏行动智慧。正如杜威所言，"目的和手段分离是不正常的，是对明智行为的偏离。"（Dewey，2008a：235）。在宋国人的故事中，非智慧的反面例子到处都有。然而，大致来说，这些失败通常有两种形式：一种是主观手段与预想的结果分离，这导致因无视客观，而产生的无目的和无意义的行为；另一种是预想的结果与实现手段的分离，这导致为了谋求结果而不择手段的轻率和唐突的行为。杜威对两者都作了重新验证，宋国人的故事在两方面都有例证。

想想那个著名的"守株待兔"的故事。在《韩非子·无蠹》中：

> 宋人有耕田者。田中有株，兔走触株，折颈而死。因释其耒而守株，冀复得兔。兔不可复得，而身为宋国笑。

宋国有个农民，他的田地中有一截树桩。一天，一只野兔跑得飞快，撞在了树桩上，扭断脖子死了。于是，农民便放下他的农具日日夜夜守在树桩子旁边，希望能再得到一只兔子。然而野兔是不可能再次得到了，而他自己也被宋国人耻笑。

在这种情况下，愚蠢就在于执着于那些方法，而没有认识到它们与想要达到的目的是脱节的。成语"守株待兔"，比喻妄想不劳而获，或死守狭隘的经验，不知变通，是一种由懒惰和侥幸心理导致的行为。

同时，与漫长等待相对照的另一极端是《孟子·公孙丑上》"揠苗助长"的故事。这个故事我们同样耳熟能详：

> 宋人有闵其苗之不长而揠之者，芒芒然归，谓其人曰："病矣！予助苗长矣！"其子趋而往视之，苗则槁矣。

有个担忧他的禾苗长不高而把禾苗往上拔的宋国人，一天下来十分疲劳但很满足，回到家对他的家人说："可把我累坏了，我帮助禾苗长高了！"他儿子听说后急忙到地里去看苗（的情况），结果苗都枯萎了。

"拔苗助长"现在成了一个成语，用来形容唐突和莽撞的行为，比喻为急于求成，不择手段，反而坏了事。以上两个故事中的主人公都认为自己的做法是聪明的，但实际上是错误的。因为每一种行为在手段和目的上都是分离的。手段与目标是相关联的，以上两个故事的愚蠢在于，一个是侥幸地等，不去实施；另一个则是太着急，而不能等待结果的自然产生。就想要得到结果所采取的手段而论，一个是忽略手段，而另一个则是强化手段（即：一个是侥幸等待，一个是急于求成。）。

在杜威看来，"一个人不知道自己在做什么，即不清楚他的行为可能产生的后果，那么他是愚蠢的或者是盲目的，无知的。"这种智慧依赖于一种双向思维：必须涉及"当前条件决定未来结果"（手段到目的）和"未来对当前条件的影响"（目的到手段）的关系。

根据杜威的标准，凡涉及以下两种情况之一，都是"不太明智"。一种是以"守株待兔"为代表的，对结果懒散猜想、心存侥幸心理的情况。另一种是盲目的制订计划，而忽视对现实情况（包括自身能力）的研究，"拔苗助长"里有很好的描述（Dewey，2008b：110）。在任一情况下，杜威都会建议那个宋国人：

> 你必须弄清楚你的本钱是什么，以及实现它所要求的条件，会遇到的困难和障碍等。这种在大脑中形成的，对未来将要进行的事物的先见之明和对事物的预见力与考察能力，构成了头脑中的智力。

35

不对结果进行预测和不对手段进行审查的行动，都是不明智的。究其原因，要么是习惯问题，要么就是盲目。如果对所要达到的目标含糊不清，或者对观察到的环境粗心大意，就是愚蠢或者说是部分的聪明。（Dewey，2008b：138）

很显然，这里没有亚里士多德所说的"智慧"的空间，因为它是对固定目标的超然沉思，而这些目的并不是从特定的环境中成长出来的。再次，在中国传统中，与其他世俗的"智慧"最接近的是墨子所说的"天志"。他认为"天志"是"世界上最明确的标准"（天下之明法）。墨子声称，这样的知识使他能够清楚地对他人的行为进行评估和分类。（Johnstone，2010：243）

然而，儒家和道家的传统都与墨子的主张相距甚远，墨家在手段和目的上都坚持一种更实际的方法。墨子及其追随者会同意杜威的观点："仅仅为了知识而定义、描述和分类的智慧是愚蠢和灾难性的"（Dewey，2008 b：29）。

在这一点上，值得花点时间多想想"拔苗助长"这一节。根据其上下文，有可能梳理出一个重要的问题：浩然正气（义）的形成，即："义"的蓄养、"义"的生成状态和"义"产生的内在规律之间的关系。（这种气必须与仁义道德相配，否则就会缺乏力量。而且，必须要有经常性的仁义道德蓄养才能生成，而不是靠偶尔的正义行为就能获取的。一旦你的行为问心有愧，这种气就会缺乏力量了。）

孟子以"拔苗助长"故事为线索，说告子不懂得义，因为他把"义"看成心外的东西。[1]

《孟子·告子章句上》：

告子曰："食色，性也。仁，内也，非外也；义，外也，非内也。"

孟子曰："何以谓仁内义外也？"

曰："彼长而我长之，非有长于我也；犹彼白而我白之，从其白于外也，故谓之外也。"

曰："异于白马之白也，无以异于白人之白也；不识长马之长也，无以异于长人之长欤？且谓长者义乎？长之者义乎？"

曰："吾弟则爱之，秦人之弟则不爱也，是以我为悦者也，故谓之内。长楚人之长，亦长吾之长，是以长为悦者也，故谓之外也。"

---

[1] 告子可能属于墨家，尽管他的哲学谱系尚不清楚，有多种说法。

曰："耆秦人之炙，无以异于耆吾炙，夫物则亦有然者也，然则耆炙亦有外与？"

告子认为仁内义外（善良是人内在本性，而"义"是行"善"的行为方式，是外在的）。"敬老"是"义"，是善的本性的外在行为，因此是外在的。孟子反驳这种说法，说如果"敬老"是"义"的体现，认可"敬老"这一"义"的行为方式（而不是从善良的本性出发去做的话），那么不久我们就会连老马都会尊重。

如果"尊老爱老"是一种普遍的最终价值，那么就要用一切可能的手段来实现。孟子用此比喻反驳告子，人性善，是基于人的本性，并且是知行合一的；进而反驳告子的"仁内义外"的本性与行为分离说。这里所反对的是将"尊重老年人"作为一种固定的、普遍的道德标准的假设，这种假设是"外在的"，与内心的善无关。告子回答说，他对待楚国的老人就像对待自己家里的老人一样。因此，他总结道："道德是外在的。"孟子的回答很著名："享受秦人的烤肉和享受我自己的烤肉没有什么不同——那么，享受烤肉也是外在的（外）吗？"用此例子表明：喜爱和行为是一致的，都出自人的本性，反驳了告子道德行为的外在论。（Van Norden，2008：145-

147）。

正如孟子在其他地方所观察到的，享受烤肉是人类共同的快乐（Van Norden，2008：193）。他所提出的问题是：如果享受秦人的烤肉和享受我自己的烤肉没有什么不同，这意味着"享用烤肉"（或者又如"敬老"）之类的，是一种外在的道德行为而与内在的善及喜爱无关。孟子在这里表明不是这样，虽然我们对他的类比有些困惑。

为了进一步证明杜威对每件事情都有话要说，这就是他对享受烤肉的看法：

> 第一次享用烤肉，只是享受，即感性认识，它无终极价值性。因为第一次不涉及愿望，设想和打算。在随后的场合，它被描述为先见之明、欲望和努力的结果，因而占据了一种终极价值的位置。（Deway 2008a：227）

这些话来自于杜威1939年的著作《价值理论》。它们是响应查尔斯·兰姆的1888年的散文《论烤猪》。这部短篇作品是维多利亚时代东方主义的精美范例，它被认为是中国烹饪史上的一个插曲，其中的主角听起来好像是宋国人。兰姆讲述了一个故事（取自《中国手稿》），讲的是一个叫何蒂的人和他愚蠢的儿子波波，他们是天生素食主义者，和平地与猪同居。有一天，波波玩火，不小心把房子烧着了，把猪也烧着了。杜威总结了剩下的内容：

在废墟中搜寻时，主人摸到了在火中烤过的猪以及他们被烧焦的猪爪。他们情不自禁地将猪爪放到嘴边吹凉，但却意想不到地尝到了新滋味。因为非常美味，他们从此开始建造房屋，把猪圈在里面，然后把房子烧掉。（Deway 2008a：277）

杜威喜欢兰姆故事中的幽默，就像他享受宋国人故事所带给他的哲理一样。两者都是对由于手段和目的不一致而产生的愚蠢的比喻。

杜威从何蒂和波波的故事中得到的教训是严肃的，我倾向于认为，从宋国人的故事以及孟子的建议中是可以得出严肃结论的，即我们对烤肉的渴望不是"外在的"。我们面临的挑战是如何将所有这些因素结合起来。杜威从《烤猪论》中得到的教训是：任何一个既定目标的价值都不是固定和普遍的。当然，烤肉的味道很好，但是为了得到它，也犯不上用烧毁房屋的代价获取。要是那样的话，何蒂和波波的故事就不会让我们觉得可笑了。烤肉的最终价值与为获得它所采用的手段的价值应该是一致的。或者如杜威所解释的那样，"享受某物的最终价值，在于过程的享受以及使用手段的享受"（Deway，2008：277）。

孟子也用精致的隐喻，暗示享受烤肉（喻指外在行为给心灵的享受）不是"外在的"。在他与告子的辩论中，对孟子来说，"义"（道德行为）不会超越我们的欲望和历史的普遍价值或属性。使用的手段以及导致的结果，这二者不是简单的由此到彼的过程（例如"敬老"行为），它包含着具体行为与一般原则，偶尔为之和永远坚持之间的辩证关系。如果仅从概念出发指导行动，诚如孟子所言，那么我们以后对"老马"都要尊敬。

对杜威而言，预想结果的实现并不能等着靠"智慧"（形而上）或"沉思"（理论）去理解它，并把它作为脱离于外在活动和相应手段的一个不变的、不可动摇的目标。同样对于孟子来说，"伦理道德的外在行为"（义）并不等于亚里士多德所说的"智慧"，而是类似于杜威所说的"智力"，一种对于目标和手段之间相互作用的认知。按照杜威的逻辑，什么是"适当的行为"（"义"）？那是通过现实中的质询而获得的，而不仅仅在沉思中得到。

对于亚里士多德来说，"沉思是对知识的享受，而不是对知识的获得"（Urmson，1988：121）。这种享受的"外在"性是孟子在与告子的辩论中的主要分歧所在。运用智慧的人都承认，手段与目的并不是脱节的：手段意味着目的，目的意味着手段，它们彼此呼应。忽视这一点就是宋国人愚蠢的原因所在。他希望取得最好的结果，但是他的行为却总是仅关注局部而忽略全局，因此结果令人感到沮丧。

这个缺点在本文列举的最后一个宋国人的愚蠢故事中得到很好的总结。它来源于《列子》：一天，一个宋国人在街上闲逛，无意中发现了别人丢弃的一个破瓦片。他把它带回家并储存起来，偶尔把它拿出来欣赏一下，数一数它碎边上的凹痕。他对邻居喊到："我随时都有可能发财！"（Graham，1960：179）。

参考文献：

1. DEWEY J，2008a. *The Later Works of John Dewey, 1925 - 1953*. Carbondale: Southern Illinois University Press,17.

2. DEWEY J，2008b. *The Middle Works of John Dewey, 1899 - 1924*. Carbondale: Southern Illinois University Press,15.

3. GRAHAM A C, 1960. *The Book of Lieh-Tzu: A Classic of Dao.* New York: Columbia University Press.

4. HICKMAN L, 1992. *John Dewey's Pragmatic Technology.* Bloomington: Indiana University Press.

5. JOHNSTON I, 2010. *The Mozi: A Complete Translation.* The Chinese University of Hong Kong Press.

6. KNOBLOCK J, RIEGAL J, 2001. *The Annals of Lü Buwei,* Palo Alto: Stanford University Press.

7. LIAO W, 1959. *The Complete Works of Han Fei Tzu: A Classic of Chinese Political Science.* London: Arthur Probsthain Publishers.

8. MAJOR J S, QUEEN S, MEYER A, 2010. *The Huainanzi: A Guide to the Theory and the Practice of Government in Early Han China.* New York: Columbia University Press.

9. MCKEON R, 2001. *The Basic Works of Aristotle.* New York: The Modern Library.

10. URMSON J, 1988. *Aristotle's Ethics.* Oxford: Blackwell Publishers.

11. VAN NORDEN B, 2008. *Mengzi: With Selections from Traditional Commentaries,* Indianapolis. Hackett

Publishing Company.

　　12.　WATSON B，1968.　*The Complete Works of Chuang Tzu*.　New York: Columbia University Press.

第三章　中国哲学传统中
不可言说的智慧

卜松山[①]

从"道可道，非常道"到"言无言"，从"不二法门"到
"拈花一笑"，本章将引领我们进入中国道佛两教中不可言说
的智慧世界。

关于东方教义，如道家、佛教和儒家学说，人们常
常对将它们归类为宗教还是哲学存有普遍的困惑。而这个
问题是由我们的文化传统造成的：用基于欧洲文化传统的
对宗教和哲学的理解来区分东方教义，往往并不适用。因
此东方教义通常被欧洲学者称为"智慧宗教"（例如汉

---

① 卜松山（Karl-Heinz Pohl），德国著名汉学家。1945年生于德国。
先后任教于德国图宾根大学、特里尔大学。有《全球化语境里的中国思想》
《与中国作跨文化对话》《发现中国：传统与现代——一位德国汉学家眼中
的"中国形象"》《儒家精神与世界伦理》《郑板桥》《陶渊明》等学术专
著专论。

斯·昆），也有的说它既是宗教又是哲学，或者有的说它既不是宗教，也不是哲学；无论你喜欢用哪种意识形态为其命名。

众所周知，道家和佛教之间的联系有某种"家族相似性"①（family resemblance）（Wittgenstein，维特根斯坦）。但这些亚洲哲学和宗教与源自希腊罗马和基督教思想的欧洲哲学传统几乎没有什么联系。这并不意味着他们的哲学从根本上与欧洲格格不入，至多只是他们不属于欧洲主流。因此这种与东方教义的"家族相似性"当然可以扩展到欧洲某些特定的哲学家和流派：在欧洲哲学上有一种不可知论的传统——最初从前苏格拉底学派开始，从否定神学到中世纪的神秘主义再到现代的存在主义和现代语言学转向——这条线索的不可知论的主张与道家和佛教有很多共同之处。因此，如果将从赫拉克利特到新毕达哥拉斯主义、塞克斯都·恩披里柯（怀疑论）、诺斯替主义、伪狄奥尼修斯、库萨的尼古拉，从13世纪的梅斯特·埃克哈特到16世纪的雅各布·伯麦，以及蒙田、

---

① 道家和佛教之间存在某种"家族相似性"：道家与佛教的联系。道家有"道性说"，佛教有"佛性说"。把宇宙本体作为某种抽象的本质来看，并非佛教的独创，早期道家把道确定为万物的最高规定性，已经具备了这种抽象力。然而，"道法自然"，道"出于自然"，当"自然而然"被理解为道的最基本特性并与人性论联系起来时，"道性"便应运而生，道性即指人性之"自然"。

黑格尔、海德格尔、维特根斯坦、德里达等人文集的精选段落的混合，可能会产生一本小册子，其中心文本的精髓（神秘主义与不可知论），与东方传统的差别很小（Wohlfart，1998）。

　　然而，东方教义中"上天"的概念几乎不能与西方天主教各派中"上帝"的概念等同；也就是说，无法与他们谈论上帝的问题。儒家思想在中国形成了一种面向世俗和社会伦理的传统，在中国古人的心目中，"天"的概念更多的指的是一种人类社会之外的秩序，因此它形成了这个抽象的天的概念（天命、天道），并负责社会伦理的运作。但是孔子明确地避免谈论这个话题[①]因此我们在儒家经典中很少发现有讨论天道的内容（孔子着眼于人伦，而不在于天理）。在后来发展起来的新儒学（理学）的话语中，主题"内在超越"似乎已经成为一个讨论的焦点问题，但这应该与现代西方哲学的理解有很大不同，例如，雅斯贝尔斯的理解（Sarin，2009：208）。相反，它背后的理念是这样的：尽管儒家思想中有一种至善（人的道德修养所能达到的最高境界，被认为是人性本质的形而上起源），但这种至善并不被认为是在人的外在方

---

　　① 　子贡曰："夫子之文章，可得而闻之也；夫子之言性与天道，不可得而闻也。"

式，而是被认为是内在的。也就是说，它表现为履行人际义务或实践人性的美德（仁）。道家和佛教在某些方面形成了与儒家传统互补的智慧教义，与儒家相反，人们常说儒家的教义有关"入世"，道家和佛教则遵循着一套完全不同的人生价值，因此据说他们倡导的价值标准是"出世"。此外，与儒家形成鲜明对比的是，道家认为，宇宙（天地）的"规律性"（道）不是一种伦理之道。正如《老子》的作者老子（或它的编纂者们）所言："天地不仁，以万物为刍狗。"①

儒家学说作为一种哲学，涉及道德和伦理的世俗智慧，而道家更是一种与自然和谐相处的生活艺术，甚至是一种生存艺术。然而，佛教，通过对儒家结构和道家思想的改造，在中国的本土化以后形成了一个独有的特征，其特征是知识和智慧的结合。一些在中国特别流行的佛教派别，以所谓的"智慧经"（即《心经》②）为根据；它们表明，所有的现象（佛法）都是由多种原因和条件（"相

---

① 《道德经》的所有译本都取材于1969年的成文。约翰·格雷使用老子的"刍狗"形象对西方文明进行总体批判。

② Prajnaparamita：一般指"般若波罗蜜多"（Prajna paramita），"般若"指的是"智慧"，"波罗"指"彼岸"，"蜜"指"到"，"多"是语尾的拖音，可译为"了"（有时"多"也可省略），译成汉文合起来就是"到彼岸了"。《心经》即《般若波罗蜜多心经》。所以原词指的是"智慧到彼岸了"。

依共生")引起的。因此，在逻辑连贯的论证中，他们指出了事物的相对性，由此推导出事物最终的"空性"。

如果要论这些东方教义的总体共性，首先它们都倾向于行动。它们正如皮埃尔·阿多的著作《作为生活方式的哲学》的书名所言，是一种"生活方式"，或对世俗智慧的实践。换言之，他们更少关心知识，更多关心行动，或者用中国著名的新儒学家王阳明（1472—1529）的话来说，他们更关心的是"知识与行动的统一"（知行合一）。这种统一性在欧洲古代哲学中也曾存在过，但正如阿多令人信服地表明的那样，当中世纪基督教从古代哲学中继承了精神修行的实践以后，这种统一性就在西方哲学传统中消失了。

如果重点在于多做事，那就意味着少说话，因为众所周知，衡量一个人的标准不是他们的言语，而是他们的行动。因此，有一种流行的说法是，真正的哲学家，即智者，说话不如行动，甚至能不说就不说，保持沉默。正如谚语所说，言语是银，而沉默是金。此外，众所周知，孔子也不想说太多：

子曰："予欲无言。"子贡曰："子如不言，则小子何述焉？"子曰："天何言哉？四时行焉，百物

生焉，天何言哉？"（《论语·阳货篇》）

孔子说："我想不说话。"子贡说："您如果不说话，谁教我们呢？"孔子说："天说过什么？天不说话，照样四季运行，百物生长，天说过什么？"

或者想想波爱修斯（480–524）①曾经对一个想成为哲学家的人提出的问题给出了一个简短的回答，这个人问他："你现在知道我是一个哲学家了吗？"波伊提乌回答道："如果你保持沉默，我就会知道了（Intellexeram, si tacuisses）。"这就产生了这样一句谚语："如果你保持沉默，你将仍然是一个哲学家（Si tacuisses, philosophus mansisses/言多必失）。"关于知识在哲学中的重要性，苏格拉底，西方传统中最伟大的圣人，已经以他的名言"我知道我什么都不知道"设定了标准，但即使在今天，我们哲学家的大量著作仍然被远远地错过。充其量，只有伊利斯的皮罗、塞克斯都·恩披里柯，或现代的维特根斯坦这些怀疑论者，才对此有了相当的认识。因此，维特根斯坦在他的《逻辑学哲学》结尾处说："我们

---

① 波爱修斯（480—524）是欧洲中世纪开始时一位罕见的百科全书式思想家，在逻辑学、哲学、神学、数学、文学和音乐等方面都做出了卓越的贡献，有"最后一位罗马哲学家""经院哲学第一人""奥古斯丁之后最伟大的拉丁教父"之称。

觉得，即使所有可能的科学问题都得到了解答，生命的问题仍然完全没有被触及。没有任何问题，这本身就是答案。"（1922：6，52）

他以一句话作为论文的结尾："对于不能说的事，必须保持沉默。"（1922）苏格拉底在中世纪末的这句名言，与库萨的尼古拉的"博学的无知"（doctaignorance）产生了共鸣，这种观点是在无宗教神学的传统中诞生的，中世纪基督教，认为上帝是不能用积极的方式表达的。正如我们将看到的，这种不说话的教导与中国智慧传统中的教导有"家族相似之处"。

下面，我们将介绍一些道家和佛教的基本原则，特别是关于这篇文章的标题："不可言说"。讨论的主题包括空、相对性、悖论、无名或无知。关于佛教，将主要以一个特定的流派，即所谓的中观派为代表进行讨论，它可以追溯到公元前二世纪的印度哲学家龙树（Nagarjuna），因为卡尔·雅斯贝尔斯（Karl Jaspers）对道家与龙树进行了一项著名的研究（1978），将二者进行比较。本文将讨论相关的文本，例如佛教的"智慧经"（《心经》），它在中国具有很高的影响力，也属于龙树学派。作者的研究方法与其说是哲学家的研究方法，不如说是一位有语言学倾向的文化历史学家的研究方法。如果它是一贯哲学的话，那么从这里所呈现的教义来看，本文将是一张白纸。

道家

以下是对道家哲学（不是道教）的详细论述：它的基本特征是相对论，即无为，无知。它还讨论了相关主题，如道、辨证思想和相对性。

下面将提到道家的中心经典文献，首先是《道德经》①，其作者是传说中的老子（可能在公元前6世纪和公元前4世纪之间成书）。《道德经》是由语录组成的，分为八十一章（然而，它没有提供系统或论点的连贯性）。在世界范围内，它被认为是最重要的哲学书籍，在《圣经》之外，《道德经》是被翻译成最多语言的著作。第二，在公元前4世纪到前3世纪的某个时期，我们有了《庄子》，这本书（至少在某些部分）被认为是它的同名作者所写（《庄子》至今有内篇七、外篇十五、杂篇十一。一般认为，内篇均为庄子所写，其余为其门人和后学所作）。这两种文本在内容上的差异小于行文方式上的差异。《道德经》是一部高度浓缩和富有诗意的文本，而

---

① 理查德·约翰·林恩已将《道德经》翻译成英语，即"道路与美德的经典"（The Classic of the Way and Virtue）。

《庄子》则是一部故事、寓言和对话的汇编，它们既深奥又有趣。

老子

《道德经》（以及道家学说的总称）的一个中心（也是最初的一个概念）是"道"。所谓道是世界的本源，是自然存在的规律，即存在的根本原因（形上之道），是无法被完全认识的。我们可能会对它在世界上产生的作用有所了解，但它仍然被语言、理解和知识所掩盖。《道德经》开头相应地写道："道可道，非常道。名可名，非常名。"

在文言文中，这句话提供了翻译中难以体现的有趣之处。汉字的"道"不仅有"道路"之意，还带有"言"之意。因此，它在这个句子中出现了三次，而不是两次。此外，古汉语中名词和动词之间没有明显的区别；换句话说，单词、字符通常可以用作动词或名词。（顺便说一句，事物和行动之间的这种语言上的不区分，可以在语言哲学中提供更深层次的概念化，因为事物变成了事件，暗示了对世界的非物质解释，即过程理解。）因此，"道"的这个字形，也可以从语言的意义上来理解，也就是说，不仅可以理解为"言说"（它的第二个意思），还可以理解为"行为方式"。因此，《道德经》的第一句话"道可道，非常道"，可以这样理解："可行之道，并非恒久不变之道。"或者"可以言说的道，并非真正的、恒常不变的道理。"从语言学的角度来看，《道德经》的第一句话给了这本书一个多种意义和不确定性的开头，它可以对应一个基本的意图。然而我们必须补充说明一点，从历史的角度来看，这个简洁的句子原本可能有着完全不同的意图，其他哲学流派，例如儒家或墨家，在对道家思想的评判中也都谈到道，并且知道如何雄辩地解释它的含义。因此，明智的做法是（继续我们的话题）保留历史原始的依据，即使是受人尊敬的经典著作，也不要使之不恰当地神秘化。

当"道"不能以语言或其他方式被固定为"道路"的字面意思时，剩下的就只有迂回、近似或悖论（如库萨的尼古拉的"博学的无知"）。因此，有人说，智者设法接近"道"：

> 知者不博，博者不知。
>
> 圣人不积，既以为人己愈有，既以与人己愈多。天之道，利而不害。圣人之道，为而不争。
>
> 知不知，尚矣；不知知，病也。圣人不病，以

其病病。夫唯病病，是以不病。①

　　然而，在日常生活中，知识比无知更受尊重，但这段话在这一层次上却颠倒了：智者知道自己一无所知。然而，如果无知被认为是终极状态，那么这种评价只能用悖论来描述——也就是说，不能根据常识推理——或近似法来表述。

　　其中一个描述，将"道"描述为"自然"（自然规律）；它就像自然过程一样，自己发挥作用。因此，在《道德经》的中心一章我们读到：

　　　　"有物混成，先天地生。寂兮寥兮，独立而
　　不改，周行而不殆，可以为天下母。吾不知其名，
　　强字之曰道，强为之名曰大。大曰逝，逝曰远，远
　　曰反。故道大、天大、地大、人亦大。域中有大，
　　而人居其一焉。人法地，地法天，天法道，道法自
　　然。"（《道德经·第二十五章》）

---

　　① 　能够知道自己所不知道的，是最高明的，不知道却自以为是地"妄为"，这是大毛病。知道自己的错误之处，不去犯同样的错误，这是高明的！圣人没有这个毛病，因为他知自己的错误所在，所以不去犯这样的错误。（出自《德经·第七十一章》）

　　有一个东西混然而成，在天地形成以前就已经存在。无声也无形，寂静而空虚，不依靠任何外力而独立长存永不停息，循环运行而永不衰竭，可以作为万物的根本。我不知道它的名字，所以勉强把它叫做"道"，再勉强以"大"来形容它。它广大无边而运行不息，运行不息而伸展遥远，伸展遥远而又返回本原。所以说道大、天大、地大、人也大。宇宙间有四大，而人居其中之一。人取法地，地取法天，天取法"道"，而道纯任自然。

　　在这里，首先，我们再一次考虑到，道浑然天成，无形无象，是说不出来的，也是找不到的。然而，关键的陈述是在段落的末尾："人法地，地法天，天法道，道法自然。"这是什么意思？道在自发的、自然的行动中显现出来。它本身就像四季的变化，植物的生长，风的吹拂和云的飘动。人若能洞悉"道"的这种"自性""自然"的运作，其结果就是"无为"。"无为"意味着不是完全的被动，而是为了自身利益而避免太过刻意地搅乱事情的进程。相反，人们应该顺应自然，采取依照自然规律的方式生活，并适应自然的不断变化。因此，《道德经》以悖论的方式推荐了一种"返璞归真"生活的策略：

　　　　为学日益，为道日损。损之又损，以至于无

为。无为而不为。

对学习的追求是日复一日的增长。对道的追求是日复一日的减少。它在不断减少，直到一个人不采取任何行动。没有采取任何行动，但也没有任何事情没有完成。

还有一种对道的进一步近似描述，叫做"反"。我们可以观察到改变事物发展方向的趋势——至少从长远来看——实现极端可能性之间的平衡。因此，《道德经》中说："反者道之动，弱者道之用。（循环往复的运动变化，是道的运动，道的作用是微妙的，柔弱的。）"

逆转通常发生在事物达到极限点的时候——无论是在太阳到达顶点后的过程中，还是在四季轮转的过程中。当一个人按照这一自然法则定位自己时，他生活中不平衡的部分将会自然地被理顺。

《道德经》中的另一个重要课题：通过认识万物的基本相对性，可以对道的运作有更深入的了解。世界现象表现为二元结构（彼此相对立而存在，彼此相克相生，相互制约，相互影响，相互作用）。因此，我们总是在事物相对论框架内感知事物——就像光明和黑暗、声音和寂静相互制约一样：

天下皆知美之为美，斯恶矣；皆知善之为善，斯不善已。故有无相生，难易相成，长短相形，高下相倾，音声相和，前后相随。

是以圣人处无为之事，行不言之教，万物作焉而不辞，生而不有，为而不恃，功成而弗居。夫唯弗居，是以不去。

天下人都知道美之所以为美，是由于丑陋的存在；都知道善之所以为善，那是因为有恶的存在。所以有无互相转化，难易互相形成，长短互相显现，高下互相充实，音声互相和谐，前后互相接随。

所以圣人顺应自然而不胡作非为，施行教化，不简单发号施令，而是以不言的形式潜移默化，听凭万物兴起而不横加干预，滋养万物而不据为己有，助其成长而不自持其能，大功告成而不邀功自傲。

既然对立的条件是相互制约的，那么只要求其中之一是错误的，因为不管我们想不想要，我们都会得到二元结构的另一部分。因此，道家对"智"的看法应该是：理解事物作为道的表现形式的基本二元性和相对性，并在一个超越对立面的领域来把握这种相对性。

《道德经》的最后一个中心主题是"空"或

"无"。有人会说，空虚比充实更重要，因为它有无限的潜力；它存在于任何分类之外。（在佛教中空性也是一个重要的概念，但在那里，其更多的是以策略或逻辑概念的形式出现。见下文。）《老子》一书隐喻性地阐释了"空"：

> 三十幅共一毂，当其无，有车之用。埏埴以为器，当其无，有器之用。凿户牖以为室，当其无，有室之用。故有之以为利，无之以为用。

三十根辐条汇集到一根毂的孔洞当中，有了车毂中空的地方，车才能行驶。糅和陶土做成器皿，有了器具中空的地方，器皿才能盛放东西。开凿门窗建造房屋，有了门窗四壁内的空虚部分，房屋才能住人。所以，"有"给人便利，"无"发挥了它的作用。

综上所述，我们可以把《道德经》描述为试图规避自然规律中不可言说的东西，即近似于"本真"或"回归"。除此之外，我们还遇到了一个消极和负面的策略，因此常识性的观点将被推翻。当看不到关于道的任何积极观念时，如果一个人不愿意保持沉默，《道德经》最终留给他的只有悖论或意象。

庄子

"不可言说"是道的一个中心主题，在第二部道家经典《庄子》中也是如此。这本书所以很受欢迎，是因为它有许多寓言和诙谐的对话。

知北游于玄水之上，登隐弅之丘，而适遭无为谓焉。知谓无为谓曰："予欲有问乎若：何思何虑则知道？何处何服则安道？何从何道则得道？"三问而无为谓不答也。非不答，不知答也。

知不得问，反于白水之南，登狐阕之上，而睹狂屈焉。知以之言也问乎狂屈。狂屈曰："唉！予知之，将语若，中欲言而忘其所欲言。"知不得问，反于帝宫，见黄帝而问焉。黄帝曰："无思无虑始知道，无处无服始安道，无从无道始得道。"

知问黄帝曰："我与若知之，彼与彼不知也，其孰是邪？"黄帝曰："彼无为谓真是也，狂屈似之；我与汝终不近也。夫知者不言，言者不知，故圣人行不言之教。道不可致，德不可至。"（《庄子·知北游》）

知向北游历到玄水岸边，登上名叫隐弅的山丘，遇到了无为谓，知问无为谓："怎样思索、怎样考虑才能懂得道？怎样居处怎样行事才能符合于道？依从什么，采用什么方法才能获得道？"问了好几次无为谓都不回答，不是不回答，而是不知如何回答。

知从无为谓那里得不到解答，便返回到白水的南岸，登上名叫狐阕的山丘，在那里见到了狂屈。知把先前的问题向狂屈请教，狂屈说："唉，我知道怎样回答这些问题，我将告诉给你，可是心中正想说话却又忘记了那些想说的话。"知从狂屈那里也没有得到解答，便转回到黄帝的住所，向黄帝再次提问。黄帝说："没有思索、没有考虑方才能够懂得道，没有安处、没有行动方才能够符合于道，没有依从、没有方法方才能够获得道。"

知于是问黄帝："我和你知道这些道理，无为谓和狂屈不知道这些道理，那么，谁是正确的呢？"黄帝说："那无为谓是真正正确的，狂屈接近于正确；我和你则始终未能接近于道。知道的人不说，说的人不知道，所以圣人施行的是不用言传的教育。道不可能靠言传来获得，德不可能靠谈话来达到。"

在这里，同样重要的是，事物的正常秩序颠倒了过来。至于适用于道本质的问题，无知和遗忘似乎比所谓的知识更合适。也就是说，用《道德经》的话来说，"知者不言，言者不知。"第二段对话的主题与此相似。

东郭子向庄子请教说："人们所说的道，究竟存在于什么地方呢？"庄子说："大道无所不在。"东郭子曰："必定得指出具体存在的地方才行。"庄子说："在蝼蚁之中。"东郭子说："怎么处在这样低下卑微的地方？"庄子说："在稻田的稗草里。"东郭子说："怎么越发低下了呢？"庄子说："在瓦块砖头中。"东郭子说："怎么越来越低下呢？"庄子说："在大小便里。"东郭子听了后不再吭声。

庄子说："先生的提问，本来就没有触及道的本质，一个名叫获的管理市场的官吏向屠夫询问猪的肥瘦，越是踩踏猪腿往下的部位就越能探知肥瘦的真实情况。你不要只是在某一事物里寻找道，万物没有什么东西可以离开它。'至道'是这样，最伟大的言论也是这样。万物、言论和大道遍及各个角落，它们名称各异而实质却相同，它们的意旨是归于同一的。让我们一道游历于什么也没有的地方，用混同合一的观点来加以讨论，宇宙万物的变化是没有穷尽的啊！我们再顺应变化无为而处吧！恬淡而又寂静啊！广漠而又清虚啊！调谐而又安闲啊！我的心思早已虚空宁寂，不会前往何处也不知道应该去到哪里，离去以后随即归来也从不知道停留的所在，我已在人世来来往往却并不了解哪里是最后的归宿；放纵我的思想遨游在虚旷的境域，大智的人跟大道交融相契而从不了解它的终极。造就万物的道跟万物本身并无界域之分，而事物之间的界线，就是所谓具体事物的差异；事物本没有差异，也就是表面存在差异而实质并非有什么区别。人们所说的盈满、空虚、衰退、减损，认为是盈满或空虚而并非真正是盈满或空虚，认为是衰退或减损而并非真正是衰退或减损，认为是宗本或末节而并非真正是宗本或末节，认为是积聚或离散而并非真正是积聚或离散。"

造就万物的道与万物本身并无界域之分，因此，在它的运行中，没有高低之分，没有蚂蚁和粪便之分。这似乎只是泛神论，但庄子可能会像上面那样回应：你没有抓住问题的关键。如果你试图用任何表达方式限定"道"的含义——例如用泛神论这样的表达——就无法逃避对各种事物的描述（因为道作为宇宙万物运行的规律是外化为天地万物之中的，外在的万物形体都是道的体现，所谓具体事物的差异，也就是表面存在差异而实质并非有什么区别）。

庄子的目的，和《道德经》一样，是要表现对立统一。

下面的寓言阐明了不承认这种统一的后果。不理解这一原则的人就像故事"朝三暮四"中的猴子一样，绞尽脑汁试图把东西合成一个整体，却没有意识到它们归根到底都是相同的——这叫做"朝三暮四"。

狙公赋芧曰："朝三而暮四。"众狙皆怒。曰："然则朝四而暮三。"众狙皆悦。

养猴人给猴子分橡子，说："早上分给三个，晚上分给四个。"猴子们听了非常愤怒。养猴人便改口说："那么就早上四个晚上三个吧。"猴子们听了都高兴起来。

在这些话的背后，现实并没有改变，但猴子们却分别以喜悦和愤怒来回应。对于圣人而言，世间万物及一切道理，看起来千差万别，归根到底又是齐一的，这叫做齐物论。

这种想法的精髓是超越万物差别，领悟"以道观之，万物齐一"的道理，万物莫不大莫不小，即使表面上是不相容的立场，但在与道同体的视角来说，根本不存在此物与彼物的区分。这意味着我们应当认识到一切事物的相对性，从而实现一种超越思想对立思维的自由。庄子认为你我、内外、彼此、是非、长短乃至生死……其实都是一致的。所以，庄子谈到生死时说："生死修短，岂能强求？予恶乎知悦生之非惑邪？予恶乎知恶死之非弱丧而不知归者邪？予恶乎知夫死者不悔其始之蕲生乎？"①

要了解一切事物和概念的有条件性，并考虑到它们各自的对立面，这就包含了对自己立场的相对性的洞察，即在永恒（齐一）的视角下观察事物：

> 物无非彼，物无非是。自彼则不见，自知则知之。故曰：彼出于是，是亦因彼。彼是方生之说也。虽然，方生方死，方死方生；方可方不可，方不可方可；因是因非，因非因是。是以圣人不由而照之于天，亦因是也。是亦彼也，彼亦是也。彼亦一是非，此亦是非，果且有彼是乎哉？果且无彼是乎哉？彼是莫得其偶，谓之道枢。（《庄子·齐物论》）

各种事物无不存在与它自身对立的那一面，各种事

---

① 一个人的寿命长短，是不能强求的，我怎么知道，贪生并不是迷误？我怎么知道，怕死不是像幼年流落在外而不知回归故乡呢？我怎么知道，死了不会懊悔从前求生呢？（乃取生死无别之意）

物也无不存在与它自身对立的这一面。从事物相对立的那一面看便看不见这一面，从事物相对立的这一面看就能有所认识和了解。所以说：事物的那一面出自事物的这一面，事物的这一面亦起因于事物的那一面。事物对立的两个方面是相互并存、相互依赖的。虽然这样，刚刚产生随即便是死亡，刚刚死亡随即便会复生；刚刚肯定随即就是否定，刚刚否定随即又予以肯定；依托正确的一面同时也就遵循了谬误的一面，依托谬误的一面同时也就遵循了正确的一面。因此圣人不走划分正误是非的道路而是观察比照事物的本然，也就是顺着事物自身的情态。事物的这一面也就是事物的那一面，事物的那一面也就是事物的这一面。事物的那一面同样存在是与非，事物的这一面也同样存在正与误。事物果真存在彼此两个方面吗？事物果真不存在彼此两个方面的区分吗？彼此两个方面都没有其对立的一面，这就是大道的枢纽。

所有知识的主观相对性导致不同的观点，从而也导致误解。考虑到这种情况——既然大家都坚持自己的观点和错误——庄子对一般语言持怀疑态度："言无言，终身言，未尝不言；终身不言，未尝不言。（《庄子·寓言》）"说出跟自然常理不能和谐一致的话就如同没有说话，终身在说话，也像是不曾说话；而终身不说话，也未尝不是在说话。

既然本质是不可言传的，那么目标就是"无言以对地相处"，于是庄子用他的一个自相矛盾的说法再次说："（言者所以在意，得意而忘言。）吾安得夫忘言之人而与之言哉！"

相对位置的超越也是下面故事的主题。庄子首先用一棵粗糙的树来说明如何通过无用来延长自己的生命，即逃避木匠的斧头；随后庄子又表示这一点是相对的，因为无用有时也会让鹅丢掉性命。因此，最好是超越通常的极性，如（超越）有用性和无用性：

庄子行于山中，见大木枝叶盛茂，伐木者止其旁而不取也。问其故，曰："无所可用。"庄子曰："此木以不材得终其天年。"夫子出于山，舍于故人之家。故人喜，命竖子杀雁而烹之。竖子请曰："其一能鸣，其一不能鸣，请奚杀？"主人曰："杀不能鸣者。"明日，弟子问于庄子曰："昨日山中之木，以不材得终其天年，今主人之雁，以不材死；先生将何处？"

庄子笑曰："周将处乎材与不材之间。材与不材之间，似之而非也，故未免乎累。若夫乘道德而浮

游则不然，无誉无訾，一龙一蛇，与时俱化，而无肯
专为；一上一下，以和为量，浮游乎万物之祖，物物
而不物于物，则胡可得而累邪！此神农、黄帝之法则
也。若夫万物之情，人伦之传，则不然。合则离，成
则毁；廉则挫，尊则议，有为则亏，贤则谋，不肖则
欺，胡可得而必乎哉！悲夫！弟子志之，其唯道德之
乡乎！"（《庄子·山木》）

庄子行走于山中，看见一棵大树枝叶十分茂盛，伐
木的人停留在树旁却不去动手砍伐。庄子问他们是什么原
因，他们说："它没有什么用处。"庄子说："这棵树就
是因为不成材而能够终享天年啊！"庄子走出山来，留宿
在朋友家中。朋友高兴，叫童仆杀鹅款待他。童仆问主
人："一只能叫，一只不能叫，请问杀哪一只呢？"主人
说："杀那只不能叫的。"第二天，弟子问庄子："昨日
遇见山中的大树，因为不成材而能终享天年，如今主人的
鹅，因为不成材而被杀掉；先生你将如何自处呢？"

庄子笑道："我将处于成材与不成材之间。处于成
材与不成材之间，好像合于大道却并非真正与大道相合，
所以这样不能免于拘束与劳累。假如能顺应自然而自由自
在地游乐也就不必如此了。没有赞誉没有诋毁，时而像龙

一样腾飞，时而像蛇一样蛰伏，跟随时间的推移而变化，而不愿偏滞于某一方面；时而进取，时而退缩，一切以顺和作为度量，优游自得地生活在万物的初始状态，役使外物，却不被外物所役使，那么，怎么会受到外物的拘束而劳累呢？这就是神农、黄帝的处世原则。至于万物的真情、人类的传习，就不是这样的。有聚合也就有离析，有成功也就有毁败；棱角锐利就会受到挫折，尊显就会受到倾覆，有为就会受到亏损，贤能就会受到谋算，而无能也会受到欺侮，怎么可以一定要偏滞于某一方面呢！可悲啊！弟子们记住了，恐怕只有归向于自然了！"

这里的中心思想是保持极端之间的中庸，即超越对立面的思维，从永恒的角度看待事物（在本文的后面，在讨论龙树和他的中道学说时，我们将遇到类似的策略）。以上故事的中心也是"最好的办法也只能是役使外物而不被外物所役使"。道家圣人的"修身"正是为了培养这种内在的自由和超然，即如前所述，"其为道德之乡乎"。

综观之，我们发现道家的推理模式和意象体现了以下内容：（1）客观世界多样性背后的统一性；（2）一切存在的相对性和观点的相对性；（3）不可能认识根本的实在性（"道"），因此也不可能谈论它。因此，终极真理最终是一种非真理；而实现道家目标的方法，即承认这种非真，是一种非法：一方面是无为，让事情顺其自然；另一方面，以荒谬、悖论、形象和寓言的方式，来为不智之人传达一种不可言传的暗示。因为本质不能用语言来表达，庄子试图阐释那些无法说出口的抽象的人生哲理——他的书就充满了这些内容——因此只有用比喻、寓言和意象的形式来表达。

在他自己的文章中：

> 寓言十九，重言十七，卮言日出，和以无倪。寓言十九，藉外论之。亲父不为其子媒。亲父誉之，不若非其父者也；非吾罪也，人之罪也。与己同则应，不与己同则反；同于己为是之，异于己为非之。（《庄子·寓言》）

寄寓的言论十句有九句让人相信，引用先辈的话语十句有七句让人相信，随心表达，无有成见的言论天天变化更新，跟自然的区分相吻合。寄寓之言令人相信，是因为借助于客观事物的实际来进行论述。

然而，寓言不仅在道家中很流行，在中国思想史上的其他例子中也很容易发现这种偏好。《易传》（《易传》是注解《易经》的经典著作）是儒家传统中最受人尊敬的经典之一，不过，《易传》中也包含了很多道家思想，同时也是阴阳思想的源头。

> 子曰："书不尽言，言不尽意"，然则是圣人之意其不可见乎？子曰："圣人立象以尽意，设卦以尽情伪。"《易传·系辞上》

孔子说："'文字是不能完全表达作者要讲的话，言语是不能表达我们心意的'，那么圣人的心意，难道就不能被了解？"又说："圣人创立卦象的规范，以竭尽未能完全表达的心意，使人因象以悟其心意，设置卦爻以竭尽宇宙万事万物的情态，复系之以文辞，以尽其所未能表达的言语。"

虽然这里的"意象"一词指的是《易经》中相对抽象的"图像"（卦），但上述段落以其语言怀疑论的核心内容对中国哲学和一般美学产生了重大影响，因为它强调这些图像比写作或纯粹的话语更强大，更有意义。这是运用形象思维来尽圣人之意。在意的显现方面，"象"较之一般的"言"有更大的优点，比逻辑思维给人以更大的想象空间。

佛教

在佛教中，有许多思想和思维模式与道家相似。这适用于所有的佛教流派，包括源于印度本土的佛教，以及通过与道家融合而成的中国汉传佛教，尤其是禅宗。

事实上，所有的宗教都试图回答这样一个问题：人的善恶行为在其一生或死后会得到怎样的回报。佛教给出的解释是，人通过善与恶的"造作"（欲念），创造的"业"（行为、功过），决定了他在永恒轮回中的存在。善业导致在更高的层次和新的生活，相应的，恶业导致恶果与报应。只有实现"四圣谛"（即"四谛"。"谛"即"真理"，"四谛"也就是四个"真理"：苦谛、集谛、灭谛、道谛。），才能打破这种循环，才可以达到阿罗汉果（断尽三界烦恼，超脱生死轮回）。

1. "苦谛"是说人的一生到处都是苦，生老病死喜怒哀乐其实都是苦；

2. "集谛"指人受苦的原因。因为人有各种各样的欲望，将愿望付诸行动，就会出现相应的结果，那么在来世就要为今世的行为付出代价，即所谓的善有善报，恶有恶报；

3. "灭谛"是说如何消灭致苦的原因。要摆脱苦就要消灭欲望；

4. "道谛"是说消灭苦因的具体方法，消灭苦因就得修道。

这四谛构成了佛教的基本教理之一，指导教徒定心修行。

已知人生是苦，已知苦之原因，已定灭苦之心，那么如何灭苦？"道谛"作了回答，"道"含有方法和途径两种含义，具体分为"八正道"：它是佛教的一种修行方式。

起源于印度的佛教在基督教时代之前的两个世纪，即公元前后，就已正式传入中国。佛教在中国取得成功的根本原因是从小乘佛教到大乘佛教的转变。（乘，是梵"衍那"的意译，指车子，或泛指交通工具，有"乘载"或"道路"之意。）这种变化产生了重大的后果：

小乘佛教只对那些愿意通过苦行僧生活"踏上八正道"的人提供解脱，而大乘佛教通过知识向所有人——包括俗人——提供了救赎，他们已经得到了开悟，并拥有了佛性，尽管他们并没有认识到这一点。佛教理想的形象不再是苦行僧罗汉，而是菩萨——为了拯救所有受苦受难的众生，放弃涅槃（穿越一切轮回）而入世者。

中观派——"中道"

佛教在中国的发展过程中，大乘佛教有一个很重要的学派：中观派。该学派发源于公元二世纪的印度那加尔诸那一带。由龙树、提婆创立的中观学派（出现在6世纪的大乘佛教末期，在中国被称为大乘空宗），主要阐发诸法"性空假有"的理论，即认为一切现象（诸法）都是因缘（各种条件）而起，是无自性的（nihsvabhava），因而是"空"。但这种空又不是完全的"空无"，因为万物既然缘起了，就不是空无所有，就不是不存在，而是一种"有"，但这种"有"是无自性的，不是绝对的实在，因而称为"假有"。故对事物有自性而产生的正反两边的判断，如断常、生灭、来去，都是错误的。龙树、提婆认为，用这样的理论来分析诸法，同时看到事物的性空和假有两面，这就是所谓的"中道观"。即世界上没有任何东西可以被归因于一种物质。龙树的"空"基于两个假设，这两个假设是原始佛教精神的基础：

（一）世界上一切现象（佛法）的相对性；（二）依存共生。前者的意思是（与道家有关的论述类似），所有的法只能与他物联系起来才能被定义（生命不是死亡，欢乐不是痛苦，等等）。后者意味着一切事物的产生都取决于各种原因和条件，因此，世界上无数的表现形式都不具有确定性或者没有绝对的实在，它们内在的存在是空洞（空性）。它还包含了小乘佛教中已经存在的一个概念，即"自我"的虚幻本质：根据佛教的观点，我们所谓的"自我"只是一个当时社会习俗和惯例的观念集合体，或者更确切地说，一种由不同的身心因素构成的随机的存在因素（作为人类各方面或集合体——身体、感觉、知觉、精神形态和意识，东方禅宗哲学命名为"五蕴"）。

因此，虽然我们可以在欧洲传统中观察到从自我发展到自我表现和自我实现的历史趋势（它肯定在现代社会达到了顶峰），但我们发现在佛教的背景下（对这种概括持谨慎态度），有一种清空自我（无我），或自我超越（超我）和自我遗忘（忘我）的倾向。在大乘佛教中，特别是在龙树那里，我们发现自我的虚实性的观点延伸到了所有形式的存在。这就是所谓的"智慧经"（《心经》）的主题，龙树的中观论中已经有很好的系统化解释。

由于对这个世界的看法与惯例有关——基于对立面的定义——而且所有概念思维都是相对的，所以龙树正在打破我们的概念性思维方式，并试图以某种方式"阻止世界"（物质世界的表象）。他的方法是所谓的"四重否定"（catuskoti，或汉语中的"四句破"）的四重引理，即：（1）存在；（2）不存在；（3）非存在也不存在；（4）既不存在也非不存在。①关于任何现象的实质或非实质问题，根据龙树的说法，这四种立场都不适用。因此，似乎在这个逻辑的末尾，世界的"空"（Sunyata，空、空性）出现了。然而，"空"并不意味着世界不存在，而是意味着事物不是单独存在，所有存在只能归因于各种存在因素之间的反复无常的相互作用和相互因果。换言之，没有任何东西本身就具有持久性，也没有什么"实质性"可供我们依赖。因此，这一学说在世界的肯定与否定之间始终处于徘徊的地位，即在这二元立场之间形成了一种"中间道路"（中道）。然而，相对论的逻辑也适用于涅槃：它只能与轮回形成对比。在这个程度上，涅槃不仅不是一个人可以依赖的"实质性"事物，而且最终，它也是"空的"。因此，中观派得出的结论是，一个人不能在轮回（形式的世界）和涅槃（空无、寂灭）之间进行消解，相反，两者是相同的。用有影响力的"智慧经"（《心经》）的话来说（标题中的"心"代表智慧教导的核心）：

---

① 四句破由四个语句组成，即（1）肯定语句；（2）否定语句；（3）肯定与否定的综合语句；（4）肯定与否定的同时否定语句。

　　色不异空，空不异色，色即是空，空即是色。

　　这一立场在中国佛教中被称为"非二元性"（不二）。这一观点——类似于道家的观点——没有得到进一步的阐述。

　　《维摩诘经》——进入"不二法门"

　　仅次于《心经》，《维摩诘所说经》（又称《维摩诘经》）包含了最著名的"不二"概念的例证（有趣的是，主题不是"统一性"）。

　　这部佛经在中国唐朝（公元7世纪至10世纪）非常流行，描述了佛教圣人和俗人维摩诘居士之间的一场争论，在这场争论中，俗人被证明比佛教代表更精通佛教的"空性学说"。该经的亮点是维摩诘居士和文殊（大智慧的象征）在讨论进入"不二法门"时的对话：

　　　　如是诸菩萨各各说已，问文殊师利："何等是菩萨入不二法门？"

　　　　文殊师利曰："如我意者，于一切法无言无说，无示无识，离诸问答，是为入不二法门。"

　　　　于是文殊师利问维摩诘："我等各自说已，仁者当说何等是菩萨入不二法门？"

时维摩诘默然无言。

文殊师利叹曰："善哉！善哉！乃至无有文字、语言，是真入不二法门。"

说是入不二法门品时，于此众中，五千菩萨皆入不二法门，得无生法忍。

各菩萨解释完毕后，维摩诘居士问文殊："菩萨如何进入不二法门？"文殊曰："依我之见，一切佛法的境界是无言语，无解释，无信仰，无意识，超越一切问答。这是进入不二法门。"

文殊接着问维摩诘菩萨："我们每个人都做了自己的解释。你应该解释菩萨如何进入不二法门。"

此时维摩诘菩萨沉默了，什么也没说。

文殊惊呼道，"太好了，太好了！没有文字语言可达，才是不二法门的真正入口。"

维摩诘居士唯一的反应是：沉默。在中国文化史上，它被称为"维摩诘居士雷鸣般的沉默"。这一经典可以在许多佛教洞穴的壁画中找到，维摩诘居士的传奇智慧——以及同名佛经的流行——无疑促进了一种佛教主张的流行，即修行不仅包括离家受诫成为僧侣和尼姑，也可以应合中国（儒家）的家庭观，人们不必离开自己的家庭，不离世间生活也能发现佛法所在。

吉藏及其二谛义

　　龙树在阐拜他的中道思想时，认为要同时看到性空与假有，不能偏向其中一方，即性空与假有不二，也就是"二谛说"。龙树的意思是说，在日常生活中，人们可以用一种普遍理解的方式谈论世俗的事情：他称之为"世俗的真理"（俗谛）。然而，尽管人们总的来说倾向于对世界持赞同的态度，但佛教的倾向最初却恰恰相反。在这方面，"真实、绝对的真理"（真谛）是从"空虚"的立场出发的观点。在所谓的"三论宗"学派①，隋朝的吉藏在龙树的双重真理结构的基础上，进一步阐述了这一思想，他发展了一个反复否认的系统，最终达到了万物皆空或万物非实体的结论。他以这两类真理从三个层面来看待物质或空虚的问题，如下所示：

世俗的：

1. 物性；

---

　　①　中国隋唐时期佛教宗派，因据龙树《中论》《十二门论》以及龙树的弟子提婆的《百论》三部论典创宗而得名。吉藏是三论宗的开创者。

2. 二元性（物质与空性）；

3. 二元性和非对偶性。

绝对的：

1. 空性；

2. 非二元性（既非物质也非空性）；

3. 既非二元性也非对偶性。

也就是说，当从世俗真理的观点看世界时，通常只谈物质的第一层次，而佛教的观点，作为绝对真理，只把空性视为最终的实在。然而，如果我们坚持一个绝对真理的"空性"，作为"实体"的对比，它将在第二个层面上，再次变成一个世界的真理，即两个极端之间的物质和空的二元性。因此，在这第二个层次上，绝对真理是非二元性的（既非物质也非空性）。然而，在第三个层次上，坚持这两个选择会再次导致世俗的观点，即肯定一种新的"二元性"：（极端）二元性和非二元性之间的区别。因此，在第三层次上的绝对和最终的真理是对这种新的"二元性"的否定：既不肯定也不否认二元性和非二元性的对立。因此，最后，"非二元性"（不二）的地位也必须被认为是相对的；换句话说，正如维摩诘令人印象深刻地表明的那样，只有保持沉默，人们才能够面对它。因此，吉藏最终还是在世界的肯定与否定之间找到了一条中间道路。在龙树之后，他想表明，从佛教的角度来看，事物或现实是虚幻的或"空"的——它们不存在，如果我们认为他们是一个存在，那么它只是在世俗的层面上。

关于涅槃和"不二"（它们是相对的）的概念是正确的，也适用于"空性"的基本概念。虽然对佛教徒来说，这个世界是"空"的，但他最终也必须远离"空性"的概念，因为它只存在于"实体"或"充实"的语境中，并与之相对（Fung，1983：295-7）。坚持空性的概念，不仅意味着要坚持对偶或对立的思维，甚至要把（形而上学的）"实体"归于空性。此外，根据这种辩证法，一个看似"正确"的事物观，如果你试图抓住它，就会变成一个片面的、因此"错误"的观点；所以，一个人也必须放弃这种观点，以达到一种觉悟的境界：无执（不执着于外物）。

不考虑这一背景，中观派经常被指责为虚无主义；然而，这确实意味着不仅要把"物质"归于"空性"的概念，甚至还要把"空性"提高到一个绝对的水平。相反，应该强调的是，"空"的理念仅仅被视为一种工具，最终用来揭示对不现实（错觉、贪婪等）的执着，它是所有痛苦的原因，因此，要把人从这种执着中解放出来。与佛教教义的比喻一样，当过河时你可以安全离开木筏（见下文），一旦达到无执，"空性"的概念和佛教教义也都可以抛在身后了。因此，我们发现大乘传统倾向于把不可言喻的或概念上难以捉摸的超越所有相对论的现实——佛性——联系起来，称之为"如此"（真如），并相应地将佛陀表示为"如此来"或"如此就去了"（如来）。特别是在"真如"的概念中，有一种类似于道学的东西，即把不可言喻的道近似为"自我如此"（自然）。

金刚经

在《心经》之后，《金刚经》——字面意思是"切割幻象的钻石"——是最有影响力的佛经之一，其主题是"说出不可说的东西"。虽然在文本中"空性"从来没有被明确提到，但它隐含在这部佛经的中心（Lehnert，1999：91）。[①]在这里，我们也经常发现一些自相矛盾的公式，它们的目的是要打破思维习惯和常识逻辑。

《金刚经》的主题是讨论我们在现实中观察到的是什么：事物本身，或者仅仅是它们的外部符号，而这些符

---

① 中国版本的《金刚经》是最古老的印刷书籍（公元868年）。它是在敦煌发现的，现在在伦敦大英博物馆。

号可能是欺骗性的。例如，真正的佛陀有哪些特征（佛教中认为佛陀有三十二相）？面对他的弟子须菩提的提问，佛陀回答：

> 凡有所相，皆是虚妄。若见诸相非相，既见如来。

在这种情况下，"相"代表所有的显迹（法），没有独立的实质的存在，仅指其他事物的表现形式。因此，像一般的语言一样，表象的符号或名称只是相对的惯例——你必须透过相对论认识到它的"无相"（空性）。《金刚经》在追求这种认识的过程中，一致地使用了一种自相矛盾的推理模式，即：A不是A，因此它被称为A。因此，在下面的例子中：

> 佛告须菩提："是经名为《金刚般若波罗蜜》，以是名字，汝当奉持。所以者何？须菩提！佛说般若波罗蜜，即非般若波罗蜜，是名般若波罗蜜。"

完美的智慧（般若波罗蜜），正如你可能会说的，是它作为非智慧的消解。因此，没有什么空性学说可以被坚持或传达。在对刚刚引用的这句话的事后思考中，须菩提说："亦无有定法如来可说。"在其他地方，这一观点通过上面提到的类比得到了进一步的阐述，即佛陀的教义就像一只木筏，用来把人们带到另一边，但是必须被抛弃：

> 汝等比丘，知我说法，如筏喻者；法尚应舍，何况法法。

然而，这个陈述也意味着只其能在"世俗"的层面上被理解。所以佛陀后来说：

> 须菩提！于意云何？汝等勿谓如来作是念：'我当度众生。'须菩提！莫作是念。何以故？实无有众生如来度者；若有众生如来度者，如来即有我、人、众生、寿者。须菩提，如来说有我者，即非有我，而凡夫之人，以为有我。须菩提，凡夫者，如来说即非凡夫，是名凡夫。

在这里，佛陀证实了上述的看法，即佛教中自我的虚幻本质。意味深长的是，他用一首偈语来结束他的教学，它抓住了非真知的本质：

一切有为法，如梦幻泡影，如露亦如电，应作如是观。

因此，就像之前谈论《老子》和《庄子》一样，谈论"不可言说"和"空性"的最佳方式是诗歌形式，即通过明喻和寓言来谈论它。因此，《金刚经》的意义是"切断我们思维的错觉"，即发展一种意识，这种意识不执着于任何东西，也不把它的感知和经验作为符号和形式的实际存在的指示（这包括所有的法门，包括涅槃等）。作为一个问题，空性表现在推理的结构上，通过不断的推理，每个论点都是相对的，因此是"空"的。更笼统地说，"智慧经"的哲学和宗教目的与《庄子》相似，目的是理解所有知识的主观性。正是这种主观性导致了对现实的误解，进而导致了生存的痛苦。因此，停止苦难作为佛教的最终目标，是通过打破"我们对现实的虚幻认识"来实现的。

禅宗

中国佛教通过中观派佛教（如吉藏三论学派）、维摩诘居士的"雷鸣般的沉默"和《金刚经》的流行而发展，并在一定程度上以中国最典型的佛教学派——禅宗的出现而达到高潮。从8世纪到13世纪，它在中国非常盛行。这种形式的佛教现在在日本被称为"禅宗"，在实践和方法论上（如冥想），可以追溯到在中国发展起来的基础；然而，其在日本走了一条截然不同的发展道路。最初的禅宗的特点是将上述最激进的见解转化为实践，因此对提出的问题始终保持沉默。这一特征已经出现在它的创始传说之中。据说禅宗传统始于释迦牟尼在一次布道中，拈起金婆罗花，却一句话也不说。其他门徒皆默然，唯迦叶尊者破颜微笑；因此，他被认为是禅宗的祖师。虽然这个故事可能是一个传说，但它肯定是为一个特定的目的而创造的（并且在禅宗传教的历史中发挥了相当大的作用），它说明了佛理的昭示是超越话语或理论的。

从这个背景来看，对禅宗来说，寻找涅槃或成佛是虚幻的，事实上，追寻这些（作为盲目的执念）实际上会成为阻碍。因此，对现实的开明看法不能通过特别的练习，例如冥想来获得，而是通过当下的纯粹正念，即活在当下（包容所有的平凡）来获得。为此，禅宗又发展出了一些特殊的方法，例如对智力无法解答的问题寻求答案时，用公案（即指佛教禅宗祖师、大德在接引参禅学徒时所作的禅宗式的问答，或某些具有特殊启迪作用的动作。此类接引禅徒的过程，往往可资后人作为判定，犹如古代官府之文书成例，比如，"一手拍掌的声音是什么"）。以这种方式，大师引导精神困惑的人，通过在精神上和肉体上的引领，使人陷入一场思考、行动的危机，并由此产生"顿悟"。然而，"顿悟"有时也被描述为一种消极的体验，就像一个几乎包含了所有收集到的知识和努力的水桶，其桶底突然被打破时，便全部清空了。因此，一方面，空性的体验在概念上是无法理解的，充其量只能通过意象来理解；另一方面，禅宗大师的策略与《庄子》的策略相似，那就是用荒诞、非理性、最终是沉默或问答来回答有关佛教本质的问题（在汉语中被称为"问答"，在日语中被称为"蒙多"）。对于佛陀本质的问题，这也是一个众所周知的答案："我当时如漆桶底脱相似（"漆桶底脱"表示豁然大悟的境界）"（SuZuKi，1985：236）。

　　禅宗完全不认为佛陀是神性的。[①]虽然佛陀在小乘佛教和大乘传统中都受到崇拜，但禅宗的特点是完全不尊重他（"大逆不道"）。传说中，历史上的释迦牟尼在出生后宣称："天上天下，唯我独尊（"我"指真理、真

---

　　①　龙树也认为关于上帝的问题是无意义和无用的。因此，他认为这两种立场是相互关联的，因而处于有神论和无神论之间。

谛、佛性）。"禅宗大师云门（公元966年）对这个故事评论如下："我当时若见，一棒打杀与狗吃却，贵图天下太平。（SuZuKi，1985：60）"另一个例子是："遇佛杀佛"。但这些只是表达了被概念化或空洞的话语弄得眼花缭乱的不满和斥责（打破成佛作祖的妄念，只有破除执念才能见"真佛""如来"）。

因此，可以说，对禅宗来说，没有什么是神圣的，因为在禅宗中，就像儒学和道学一样，日常发生的事代表着神圣和超然："提水砍柴，无非妙道"（Fung，1983：2.2，402）。因此，人们可以把禅宗描述为"超越日常生活"的"道"。在任何情况下，成佛之路不再通向自我牺牲的漫长道路，也不再通向寺院围墙内的生活。成佛意味着：不执念于成佛。相反，在日常生活中保持一颗专注的、不依附的心是很重要的，这与过正常的日常生活是不一样的。从这些基础上，我们可以看到禅宗与道家的密切关系。事实上，某种程度上禅宗只不过是佛教外衣下的道家哲学。

结论

最后，让我们再次强调老庄和龙树（以及中观派学派和相应的佛经）之间的区别。在龙树的理论中，不仅有知识理论，而且有严格的逻辑，然而，用日常思维去理解它的所有含义并不容易。在这里，我们可以看到与欧洲思维的相似之处，这当然不是巧合，因为印度的语言、语法和思维模式与欧洲的共同点多于中国。因此，龙树的"空性"概念是一个需要解释的逻辑概念。它见证了有条件的思考，而不是实质性的思考（Yuan，1998：37）。此外，龙树的逻辑与一个必须首先被接受的前提相联系：条件共生。像德里达①一样，由于最终没有解构自己的解构系统而遭遇了逻辑上的困境、死结（*aporias*）。龙树不断发展他的佛学观点，也同样会发现自己处于类似的问题之中，因为"条件共生"也是相对命名的惯例（即"非条件共生"）。然而，龙树当然能够引导那些想跟随他的人进入令人眩晕的思想高度，又让他们陷入深渊，然而，用他似乎自相矛盾的语言来说，这被形容为开悟。

相比之下，老庄思想更加戏谑，表达方式也更加诗意。他用隐喻和比喻说话，或有意识地在荒谬中嬉戏。此

————————

①　后结构主义（解构主义）和中观派学派的策略有惊人的相似之处。人们可以看出两者之间的区别（至少在效果或意图上），因为后结构主义在对本质主义思维的攻击中开启了一个新的哲学话语。它导致了对政治、社会和美学思想的广泛批判（也质疑所有等级制度），揭示或解放了以前被遮蔽或从属的东西。有意无意地，这种努力的结果不仅变成了解放和多元化，而且变成了矫揉造作和恣意妄为。另一方面，中观派学派的关注基本上是宗教性的：将人类从对生活的执着和纠结中解脱出来，而执念则是一切苦难的根源，对其的否认是人生观念的改变，并在后期的行动中，导致精神上的不执着状态。

外，他们的哲学既不是认识论，也不是本体论，也不是逻辑学；相反，它代表了一种生活哲学，或者更好地说，一种以生活矛盾为乐的生活艺术，而不是试图从世界中挤出逻辑上的意义。例如，如果老子谈到"无"（空），他不会像龙树那样，用逻辑的方式，而是用一个意象（一个轮毂，墙上的一扇窗户等）。其中意象并非没有点悟的效果。最后，他会质疑这一切的合理性，答案将是：沉默——也许还会用悖论的方式说话，或者更好的是，用引人注目的诗意说话。禅宗是中国佛教和道家的一种特定的综合，玩世不恭的道家思想会以多种方式继续存在下去。

因此，禅宗在中国和日本，它的精神形式在诗歌和艺术领域也有突出体现（例如禅宗绘画），以提高对不可言说的感受。为此，本章以中国文学史上最著名的诗人之一——隐士陶渊明的一首诗作为结尾。陶潜用几行简单但著名的诗句，展示了一个人如何从一开始就成功地保持一种无拘无束、道学般宁静的生活态度，即无处不在的精神自由（具体来说，就是在心灵上与世界保持距离）。这就是前面提到的道家生活艺术。此外，这首诗像维特根斯坦一样，以哲学上的沉默结束，因此也是一个非常道学的音符——关于事物本质的不可表达性和不可预测性的认识，也就是说，以上面提到的《道德经》开篇的一句话为线索："道可道，非常道"。

魏晋陶渊明《饮酒·其五》：

> 结庐在人境，而无车马喧。
>
> 问君何能尔？心远地自偏。
>
> 采菊东篱下，悠然见南山。
>
> 山气日夕佳，飞鸟相与还。
>
> 此中有真意，欲辨已忘言。

参考文献：

1. ALLISON R A, 2003. On Chuang Tzu as a Deconstructionist with a Difference. *Journal of Chinese Philosophy*, 3-4:487-500.

2. CAI Z Q, 1993a. Derrida and Madhyamika Buddhism: From Linguistic Deconstruction to Criticism of Onto-theologies. International Philosophical Quarterly, 2: 183-195.

3. CAI Z Q, 1993b. Derrida and Seng-zhao: Linguistic and Philosophical Deconstructions. Philosophy East and West, 3: 389-404.

4. CHAN W T, 1969. A Source Book in Chinese Philosophy. Princeton: PrincetonUniversity Press. [2015-3-10].

http://www. bu. edu/religion/files/pdf/Tao_Teh_ Ching_Translations. pdf.

5. CHENG H L, 1984. Empty Logic: Madhyamika Buddhism from Chinese Sources. New York: Philosophical Library.

6. FUNG Y L, 1983. A History of Chinese Philosophy. Princeton: Princeton University Press, 2.

7. GRAY J, 2002. Straw Dogs: Thoughts on Humans and Other Animals. London: Farrar, Straus and Giroux.

8. Hadot P, 1995. Philosophy as a Way of Life. Oxford: Blackwell.

9. HIGHTOWER J R, 1970. The Poetry of T'ao Ch'ien. Oxford: Oxford University Press.

10. JASPERS K, 1978. Lao-tse, Nagarjuna: Zwei asiatische Metaphysiker. M ü nich: Piper.

11. LEGGE J, 2006. The Chinese Classics, Vol. I: Confucian Analects, the Great Learning, and the

Doctrine of the Mean. Oxford: Cosimo Classics. [2015-3-10]. http://ctext. org/analects.

12. LEHNERT M, 1999. Die Strategie des Kommentars zum Diamant-Sutra. Wiesbaden:Otto Harrassowitz.

13. LYNN R J, 1994. The Classic of Changes: A New Translation of the I Ching as Interpreted by Wang Bi. New York: Columbia University Press.

14. MCRAE J R, 2004. The Vimalakirti Sutra, (Taishō 14/475), Numata Center for Buddhist Translation and Research, Berkeley, CA.

15. The Diamond Sutra. [2015-3-10]. http://reluctant- messenger. com/diamond_sutra. htm.

16. POHL K H, 2004. East and West: Montaigne's Views on Death Compared to Attitudes Found in the Chinese Tradition//MOELLER H G, WOHLFART G. Philosophieren über den Tod. Köln: 39-50.

17. RAMANAN K V, 1966. Nagarjuna's Philosophy. Rutland VT and Tokyo: Charles E. Tuttle

& Co.

18. SARIN I, 2009. The Global Vision: Karl Jaspers. Bern: Peter Lang AG.

19. STRENG F J, 1967. Emptiness: A Study in Religious Meaning. Nashville: Abingdon Press.

20. SUZUKI D T, 1933. *Essays in Zen Buddhism (Second Series)*. London: Luzac.

21. SUZUKI D T, 1985. *Essays in Zen Buddhism (Third Series)*. London: Luzac.

22. Heart-Sutra. [2015-3-10]. http://lapislazulitexts. com/shorter_prajnaparamita_hrdaya_sutra. html.

23. WATSON B, 1968. *The Complete Works of Chuang Tzu*. New York: Columbia University Press. [2015-3-10]. http://terebess. hu/english/chuangtzu. html.

24. WATTS A W, 1957. *The Way of Zen*. Harmondsworth: Penguin.

25. WITTGENSTEIN L, 1922. *Tractatus Logico-Philosophicus*. London: Cosimo Classics. [2015-3-10]. http://www. gutenberg. org/ebooks/5740.

26. WOHLFART G, 1998. Sagen ohne zu sagen.

Lao Zi und Heraklit—eine vergleichende Studie. *Minima sinica*, 1: 24‑39.

27. Wumen Huikai(无门慧开), 1228. Gateless Gate（无门开）. [2015-3-10].

http：// w w w. sacred-texts. com/bud/zen/ mumonkan. htm .

28. XIN H, REN J(辛华,任菁), 1992. On the Road towards Immanent Transcendence: A Collection of Writings on Neo-Confucianism by Yu Yingshi (内在超越之路:余英时新儒学论著辑要). Peking: Chinese Broadcast and Television Publishing Company (中国广播电视出版社).

29. YUAN Y, 1998. *Die Behandlung des Gegensatzes— über strukturelle Verwandtschaft zwischen Hegels "Logik" und Nagarjunas "Madhyamaka-Karika"*. Ph. D. Thesis. Saarbrücken:Universität des Saarlandes .

第二部分

东西方智慧比较

第四章 作为知识的智慧和作为行动的智慧：柏拉图、海德格尔、西塞罗和孔子

保罗·艾伦·米勒[①]

对于智慧这一概念，中西方学者们跨越时空开展了辩论。

关于东西方哲学比较，最显著的特点和最主要的工作就是揭示他们对哲学（智慧）的不同概念的理解和实践行为，尤其是在早期东西方哲学彼此还未沟通时的哲学传统之间的比较。如果将中国哲学的最早文本与西方哲学创立时的文本进行比较，特别是与柏拉图的著作相对比，我们很快会发现，特别是当对每一传统的主流思想有了更好的理解时，我们感到他们对诸如什么是真实的表达，什么

---

① 保罗·艾伦·米勒（Paul Allen Miller），美国南卡罗来纳大学语言、文学和文化系主任，比较文学学科带头人，古典学专家，北京语言大学客座教授。

是智慧，什么是有意义的对话等的理解似乎与我们完全不同。

　　从西方哲学学术典型的傲慢立场出发，我们被告知：儒家经典、早期佛经、道家思想，如果它们不是简单地相互借鉴和影响的结果，那么充其量也只是某种实践智慧的宝库，以西方的哲学传统来看，这似乎不能算作哲学，不是真理的论述。然而，作为跨世纪和跨文化的实践，翻译既是一种语言实践，也是一种解释学和诠释学实践，过往的成见揭示了翻译中存在的问题有多严重：由于不符合我们的哲学传统，我们在翻译的同时也掩盖了它们所揭示的一切。简而言之，我想说的第一件事是，我会仔细阅读儒家经典，同时也会将注意力集中到早期佛教经典，当然还有其他我不太熟悉的东方哲学经典，这些东方哲学思想都可以打破我们以往的思维定势，从而展开新的交流与对话，同时更重要的是，我们学生的思维和话语从这些新的实践，新的语言以及智慧和真理的认知中得到更新。我想说的第二件事是，这种比较角度上的阅读，亦即跨越时空的阅读，揭示了这些哲学传统之间的差异比以前我们所认为的更加异质，更加对立。

　　接下来，首先我将简要概述一下海德格尔的西方形而上学概念，还有他的真理观与柏拉图洞穴寓言①的关系。然后，我将福柯提出的精神修行看作另一种真理观，它不是看得见或说得出的东西，而是对智慧的热爱。其实这种反专断的立场早在柏拉图的文集中已经存在，比如《第七封信》和《法律篇》，甚至在其形而上学经典中，如"线喻"②（《理想国》）。同时，我认为在西方哲学修辞的传统中也可以看到这一观点，尤其在西塞罗的作品中，知识和行为之间的区别不断被削弱，因此导致主客体之间，知与被知之间的区别也不断被削弱。在对西方哲学的梳理以后，我将转向东方某些具有代表性的儒家经典，以阐明东方哲学传统中也有类似的智慧概念。在这样做的时候，我还将展现早期西方哲学中所排斥和轻视的话语——它们是经过深思的诗歌、修辞和寓言，虽被

---

① 柏拉图的洞穴寓言：柏拉图在《理想国》第七章中描述一个洞穴，人一生下来就在洞穴里，脖子和脚被锁住不能环视，只能面向洞壁，他们背后是一个过台，过台背后是火光，火光把过台前人来人往的活动投射到洞壁上，洞穴里的囚徒便以为洞壁上晃动的影像是真实的。其中一人偶然挣脱镣铐，被不知名的力量驱使而走出了洞穴，到了阳光之下。他无法适应外界的光线，只能慢慢适应，最终看见太阳。柏拉图认为，这个洞穴就是我们的可视世界，洞外是可知世界。

② "线喻（analogy of the divided line）"是对日喻的补充，它将世界比作一根线段，按比例分为"可见的（ὁρατόν, visible）"AC与"可知的（νοητόν, intelligible）"CE：

A—B	——C——	—D——	—E
AB	BC	CD	DE
想象	信念	理智	理性

排斥在西方早期哲学语言表达之外，但却在东方智慧传统中起着主导作用，甚至每种话语都保留着自己的特定特征。

让我们先从海德格尔开始，这位思想家对西方形而上学的贡献，在于过去八十年中以其存在主义哲学对欧洲哲学思想产生了深远的影响——尽管他的政治遗产越来越令人不安。海德格尔的论点是，西方的真理体系明显地建立在柏拉图的洞穴神话的基础之上（Oudemans and Lardinois, 1987：229；Heidegger, 1998：155）。在海德格尔的表述中，希腊单词"真理"或字面上的"未隐藏"，到了柏拉图的哲学那里，不是事物存在的自我揭示，而是已经构成的主客体之间的关系（Heidegger, 1998：167-168, 178；Jones, 2011：189）。柏拉图洞穴神话之后的真理概念不再位于事物自我客观存在的领域，即存在的基础，而是作为一种实体，一种为认知主体所主观化了的存在对象，而我们作为认知主体，对认知客体进行主观概念化，这些概念或多或少是正确的（Heidegger, 1962：31）。因此，被锁在柏拉图洞穴中的人类将投射在他们面前的墙上的图像与他们对真实自然界的理解联系起来，而开明的哲学家在更高的层面上将事物的表象世界与事物的本质联系起来（透过现象看本质）。（Plato，1997：515，517）。

在这个世界上，真理具有主体性的特点，而不是同时包含主体认知和客体的全部属性。（Heidegger，1998：177，182；Mortensen，1994：180–181）也就是说真理是存在主体（人），对存在客体（自然）的认识，作为真理，这只是主体对其意识到的那部分客体，或者说自然的认识，而其没意识到的全部的自然的属性，是其盲点，还无法认识，因此，真理是人的真理，而不完全是自然的真理，因为自然有其全部的属性，因此真理有其主观，也就是真理无止境。海德格尔认为，真理本质和概念的这种转变是形而上学的开端（Heidegger，1998：181）。

海德格尔所说的"形而上学"是一种表象性思维：在后柏拉图式的传统中，世界作为一系列的"图景"而存在，这些"图景"是通过主体所拥有的概念来判断和评价的（Heidegger，1982）。而哲学是对这些概念的批判、提炼和运用。对于海德格尔来说，形而上学把世界看作一个封闭的统一体，它的对象（客观世界）是为了人的认知和使用而存在的：形而上学哲学用一套有限的手段来达到一套预先存在的目的。从这个角度上讲，现实生活成为了技术需要解决的问题（Irigaray，1984：123；Mortensen，1994：80）。

现在我不想把海德格尔的解读视为绝对的，我随后会对它进行一些质疑，但我确实认为，海德格尔很好地描述了一个在西方占统治地位的真理观和哲学观，它仍然主宰着西方的社会、科学和教育思想，在我们这个全球化的社会中，它已经变得越来越霸道。

该理论的核心是：假设一个独立的主体（人及其主体意识），他或多或少准确描述了与之简单对立的物质世界，其抽象认知的结果是：这是一个可数的世界、技术的世界，以及结果评估的世界。它是古典牛顿科学和笛卡尔学科的世界。哲学，作为对智慧的热爱，如今在这一点上变成了一门艺术：我们用一系列定理与概念之类的抽象陈述，通过这些手段和语言，确保这些抽象理念与外在对象的精确性（逻辑）；以使这些表述与其对象（认识论）保持一致；并恰当地界定所要表达的对象的性质（形而上学）。它对世界客观存在事物的主观性认知和抽象性总结的霸道性和自我性，使它成了拍打知识的警察，也使它变成了理念集市上的消费者协会。但正如米歇尔·福柯所言，在西方哲学中，从柏拉图本人开始，就存在着一种他称之为"精神修行"的另类传统：

　　　　研究，实践，经验，通过这些，主体对自己

进行必要的转变，以获得真理。我们将人的这些抽象思维称之为"灵性"，而通过感性得来的认知，实践和经验，再进一步进行理性的提炼，实践，放弃或聚焦，就像柏拉图洞穴神话寓言中所表现的那样，修改由客体而存在构成的认识，不是为了学术意义上的获取知识，而是为了了解客体，为了客体的存在（表达对客观世界的尊重），这是主体为了获得真理所必须付出的代价。（Foucault，2001：16-17）（这就是福柯精神修行的主张：改变自我，放下身段，亲身实践，获取真理。）

最主要的例子可能是柏拉图《第七封信》中的一段对话，其中的描述体现了真知不是来自对已知事物的书面总结——仅仅通过真实或虚假的文字陈述——而是来自师徒之间不断互动以引发不断的思想火花的对话行为。（Plato，1997：341b-e）。我认为，这种思想的相互砥砺，也可以在对话本身的各种讽刺中看到，在这些对话中，对真理或谬误的陈述遭到质疑、被瓦解或从不同的角度重新被解释。

因此，柏拉图被海德格尔列为西方形而上学初创时的首要人物，因为柏拉图在许多方面也都具有首创意义。当然，就海德格尔本人来说，他并不反对柏拉图是西方哲学中第一个将哲学研究转向抽象的形而上学的枢纽，但就其哲学实践本身而言，柏拉图此举代表了一种运动，一种介于真理和智慧之间两种理解的运动。洞穴神话并不是这一运动的高潮，而是它的开始。

事实上，正如福柯和其他人所理解的那样，柏拉图的文本，体现了对后来的形而上学的"柏拉图主义者"的强烈抵抗（Denida，1993：81-83；Jones，2011：43；Sallis，1999：48-49；Wolff，1992：241-242；Zuckert，1996：72、235）。即使是他的那些形而上学的经典，例如"线喻"（其中描述了人从最初的事物表象到最后得到真理的这一思维认知逐步提升的运动过程，据说所有对表象的研究都依赖于此，因此可以说这是哲学的真正对象），最终，在数量上，总会产生一个不可同化的余数，或在程度上，总会存在一个过度的时刻，破坏了主体、客体和表征的分离，而哲学作为对智慧的追求就依赖于此。简而言之，虽然"线喻"似乎假定了一个超越表象的时刻，表象本身（以及由此产生的与本体存在的一切分裂）是被预测的，但事实上隐喻本身揭示了纯粹的超越时刻永远不会到来。如果我们仔细阅读关键段落中对理智（noetic）的最后描述，我们很快就会发现，柏拉图并没有把理智（noetic）限定为对表面（doxa）和相似世界（eikōn）的排斥，而是断言完全逃离那个世界是不可能的，即使它与表面世界或"事物的样子"有不同的用途和不同的关系。接下来这段直译，努力使柏拉图的希腊语中复杂的语义和意象变得明显，它是柏拉图关于表面与相似世界观点的例证：

> 在此我把抽象的知识理解为，人为了追求真理而被迫使用一种假设（hupothesesi）①，为了追求（哲学意义上的）对事物抽象的理念（eidos），而不是事物所具有的，现实意义上的第一个原则的，即事物原本实际的自我存在（archēn），但人们所做的抽象认知不能脱离事物的真实存在（ekbainein）并将其作为假设的基础，但他用对事物或许可能会这样的大致相似的理性判断（eikosi）作为假设（apeiskatheisin）并以此为依据，依据事物类似的外表，来判断其他类似的东西（enargesi dedoxasmenois）（由点到面，由具体到抽象），并且对此项工作感到很荣幸。（Plato，1997：511a，4-9）

---

① 参见《理想国》，其中的假设不仅仅是假设，而是你放在你自己（hupo）下面的假设，当你接近存在时，你就会离开。

因此，理智并不是纯粹的思维领域。即使在分界线的顶端，智力的推理也依赖于假设，它将假设置于自身之下，就像步骤或脚手架一样，它是一种依赖于基础的行为。真理不能逃避抽象的表示（eikosi），就像那些历代镌刻真理的铭文。但它与表象的关系既不同于直接经验，也不同于推论（dianoia），即"通篇思考"。哲学家的说理并没有把它的假设当作公理来用几何证明的方式进行抽象推论，而是根据事物可能性的样子，当它们是明确的或可见的（enargēs）的相似时，人们把这些具体的相似性作为假设本身。进而这些心理图像在认知作用的认为、判断、相信（doxazō）等步骤下得到由具体到抽象的概念化。这些相似性不是用来解释相似的事物，而是用来探索它们内部统一性和它们外在特征的。这样哲学家就不会像"洞穴"（onar）那样被困在一个纯粹自我参照的梦境中，而是通过让自己的假设不受质疑而拥有超越自身的视野（hupar）（Plato, 1997: 533b）。

因此，柏拉图式的哲学家正是这样一种思想家，他不把相似的东西认作完全相同的东西，相反，他总是把表象作为一种方法，不仅超出表象的自我证明，而且超出我们自己对他物和同一物的界说。因此，在"洞穴寓言"最后，我们被告知，开明的哲学家已经摆脱了被束缚的洞穴并看到太阳的光芒，但就算已经习惯了阳光，他也很难去发现（horasthai）好的善的想法（idea），因为他无法凭直觉感知，他对此一无所知，他几乎很难（mogis）得到灵感的一瞥。（Plato，1997：517b7-c4）。从这个观点来看，哲学渴望它所缺乏的东西，不是为了确认它自己的自我同一性，也不是为了规定别人的自我同一性，而是为了能够超越它本身的那些概念和形而上的抽象，通过真实的感知，达到"真知"（Foucault，1984：15）。它是一个行为。智慧不是一种你以脱离实体的方式知道的东西，而是你所做的。

那么认知主体与客体之间的距离比看起来的要小得多。即：在认知层面上，知识显然有正确表达的可能性，它存在于我们的感知以及感知对象与由此形成的命题和判断之间的对应关系中；但另一方面，接收这些直觉，界定这些对象，并形成这些命题的能力，在柏拉图和福柯所描述的整个精神传统中，都依赖于一系列重复的行为、常规的实践和公认的实践方式，这些行为使得这些看似无形的精神实践成为可能。这一点也许在传统的教育和仪式中表现得最为明显，在特定的文化背景下，它们也是一种精神训练的方式。

一旦柏拉图的理论在哲学上的这个方面不再被认为

是偶然的、多余性的见解，或者仅仅是一种修辞上的装饰，而是柏拉图式的对智慧的热爱中的一个重要之处，那么某些先前让解释者感到困惑的段落就变得可以解释了。其中之一是对雅典公民大会或"宴饮"制度的广泛讨论，这些讨论贯穿了第一部《法律篇》的第一、二册。在《会饮篇》①中，我们从这位雅典的陌生人（苏格拉底）开始，他与克里特岛的克莱尼斯和斯巴达的梅吉卢斯讨论他们各自的法律和传统。我们发现，在克里特人和斯巴达人简朴的军事文化中，饮酒聚会是被禁止的，但它被认为是雅典文明的重要组成部分；尽管在克里特和斯巴达的军事文化中，集体用餐被认为是他们政治文明的重要组成部分，但在雅典，集体用餐是奇怪而令人生畏的习俗（《法律篇》）。花这么多时间在这些层面上讨论，似乎是一种无聊的行为，这些外在的喧嚣世界与哲学几乎没有什么关系，这一想法让不止一位哲学研究者感到奇怪。然而宴饮在当时社会生活中的作用，被写入了柏拉图最后一部政治哲学著作的序言。的确，我们的朋友，那位雅典的陌生

---

①　《会饮篇》（或译作《飨宴篇》《宴话篇》，英语：The Symposium，古希腊语：Συμπόσιον），所描写的是悲剧家阿伽松为了庆祝自己的剧本获奖，邀请了几位朋友到家中会饮、交谈。参加者有修辞学家斐德罗、喜剧家阿里斯托芬、哲学家苏格拉底等人。整篇对话主要由六篇对爱神厄洛斯的颂辞组成。

人，似乎花费了大量的时间，来关心他们，又思考他们：

> 我在不同的地方遇到过很多这样人，我几乎调查了所有的人。然而我从来没有看见或听说过这样的事：即宴饮的整个过程是恰当的。人们会享受其间的一些无关紧要的细节，但从整体上讲，它们都是混乱的。（Plato，1997：639）

事实上，对完美宴饮的追求已经把我们中的许多人带到了遥远的境地。然而雅典的陌生人（苏格拉底）的追求甚至超过了我们所有人的追求，并不仅仅寻求眼前的快乐，它实际上也是通过实践寻求知识和智慧，寻找对世界上存在事物的认知，即使这并不总是常有结果。苏格拉底告诉我们，一个管理好的宴饮活动是一个有着自己规则和影响力的小型社会。它在相互的娱乐过程中，建立起坚固的社会联系，使它成为整个文化理论的核心：

> 如果我详细地讨论像饮酒这样一个有限的话题，我不想让你觉得我说了很多关于琐事的话。事实上，只有在当时特定的文化背景下，才能清晰地解释当时宴饮形式的真正功能，并且不考虑当时教育的主题来

解释这一点是不可能的（Plato, 1997: 642）。

通过饮酒，我们在受控的环境中测试同伴的性格，了解自己的极限。我们的勇气被夸大了，我们的底线降低了，我们有这样的经历：如果保持清醒，或者与他人隔绝，就会被社会认为是不可接受的，甚至是病态的，"我想回想一下我们对正确教育的定义，现在我要冒险提出这样的见解：'宴饮'这一形式实际上只是一种教育的形式，只要它们正确地进行。"（Plato, 1997: 653）。管理良好的酒会——如果不发生混乱，这些规范是关键——它成为经验的实验室和直接的教育手段，它与我们发现的，海德格尔对洞穴的解读，与独立的形而上学的抽象概念的主题没有多大关系。相反，教育是在有限的经验中训练身体和头脑的过程，由此使灵魂习惯于对美好事物的欢愉，对不适事物的厌恶：

事实证明，教育是一个吸引人的过程，引导儿童接受法律所阐明的，被道德标准高、经验丰富的人所认可的正确原则。同时必须防止孩子养成以法律禁止的方式，以及挣脱遵守法律的人所认可的形式去感受快乐和痛苦的习惯；他应该跟随长辈的脚步，在传统准则中找到人生快乐和痛苦的原则。这就是为什么我们有歌曲，对灵魂来说，它们是真正具有"魅力"的。事实上，它们也不过是严肃教育的另一种方式（即轻松愉快的方式）；但是年轻的灵魂不能忍受严肃，所以我们用"娱乐"和"歌曲"的魅力来体现。

宴饮、诗歌、歌曲、各种食物、各种身体实践都成为训练或吸引灵魂的方法，使它能够接受知识和追求智慧，不是作为一个与它分离的对象，而是作为一个过程，在这个过程中，自我相对于自身和他人都发生了转变。

这并不是说海德格尔在对洞穴寓言里提及的，人对世界的抽象的、概念的认识是完全错误的。西方形而上学传统起源于柏拉图主义，它是在柏拉图哲学著作中，作为一种专门的哲学理念被提取出来的。在新柏拉图主义中提炼出来的抽象概念成为奥古斯丁天主教神学的思想基石，也成为理解个体灵魂与永恒存在的上帝、个体灵魂与外在世界关系的思想基石，在解说外在的客观世界方面，通过对其使用、操纵和征服等一系列技术化的分割处理后，使用这些抽象化手段，既是个体精神的责任又是它的权利，然后它可以被评估为独立于该主体的经验。形而上学的这种主体认知在许多方面逐渐细化和分离，并在笛卡尔的"我思故我在"达到了顶点，在这一点上福柯观察到了哲学在概念化和其精神修行之间的明确分离。但是我们在柏拉图的《第七封信》关于真理的论辩中清楚地看到——当时老师和学生之间的对话是思想上的"劳动"，此过程引起思想上的"冲突"或"摩擦"从而产生心灵的"火花"——由此可知，在西方哲学思想史上同时存在着另一种智慧传统，如实践、仪式、歌曲和诗歌。这种知识、智慧、教育的概念，我们在柏拉图《法律篇》中对政治的最后思考，以及对雅典制度的冗长而奇怪的讨论上可以观察到。同样，即使是著名的"线喻"——根据柏拉图的经典解读，知识的抽象理论被认为是一个纯粹的思想领域，完全独立于现实表象、现实相似和现实表征的领域；是在洞穴神话所代表的对世界的图像化主观感知能发挥其全部作用之前形成的概念（抽象理念）——即便是此抽象理念也被证明存在于表象领域，这不仅因为它作为比喻的本体，更是因为它所构成的最高级的认知形式。

　　理智的认知活动，并不是一种神圣的纯粹沉思行为，而是基于主体假设下的一系列行动模式。这些假设允许主体上升到一个他们自己可以被质疑的点，而不像推理那样，通过一系列的演绎手段，为了具体的使用目的，而得出的一系列关于客观事物的人为结论。

任何熟悉佛教冥想或各种形式瑜伽的人都会立即看到东方智慧传统和福柯概述的精神修行概念之间的相似之处，以及他在整个古代西方哲学传统中在这方面的主要影响（Hadot，1995）。关于福柯在这方面的工作，也许最能说明问题的是，他证明了在海德格尔所谓的西方形而上学的堡垒中存在着一种替代传统，从一开始就显示出在主导者中存在着一种反霸权传统，事实上，当把西方哲学传统与其假定的另一种传统放在一起阅读时，我认为这种传统变得更加明显。

真正的智慧是具体的行动而不是纯粹的概念，这一论调在哲学史上有时是被质疑的，但在修辞学传统中却得到了强有力的证明。在柏拉图的《高尔吉亚篇》中，我们可以从卡利克勒斯对苏格拉底的回应中看到这一点，而在西塞罗的哲学和理论著作中，还有更清晰的体现。在西塞罗的著作中，他总是煞费苦心地把开明的罗马雄辩家（演说家、律师、政治家、思想家）与无所事事的希腊哲学家区分开来。这不是一个简单地将实践置于理论之上的问题，甚至不是将罗马人置于希腊人之上的问题，而是对这些对立观点的深刻质疑，而这种质疑往往没有得到人们的重视。

因此，如果我们看一下《论雄辩家》（1942）一书的开篇讨论，开篇的问题是：为什么罗马有那么多将军，而真正的雄辩家却那么少？雄辩家不仅仅是能说会道的人，更是能把任何问题的正反两面都辩论清楚的人，是能把弱论点变得更强大的诡辩家。他是一个领导者，但他也不是一个不反思行动的人、不是一个暴力的人、不是一个虚伪而不可靠的人。行动本身作为目的的地位从对话一开始就受到了质疑，西塞罗把这段对话献给了他的弟弟昆图斯，昆图斯似乎没有时间去思考哥哥的智力问题（1942：1，5-8）。然而，对于西塞罗来说，任何把纯粹的知识与具体的行为分开的概念都同样是有问题的。西塞罗演说术（罗马演说术），如果运用得当，不仅是一种诀窍或技巧，也不是对观众简单的和机会主义的操纵，而是对所有低级艺术的综合，是一种综合研究的总和（Cicero，1942：1，17）。

在《对话录》第一卷中，克拉苏，这位典型的罗马演说家，没有时间为自己的思想进行思考，然而，他展示了对希腊哲学，尤其是高尔吉亚哲学的详细了解。柏拉图在《斐德罗篇》中主张，一个真正的修辞学家必须是哲学家，而克拉苏则认为，哲学家只要有说服力，就必须是演说家。因此，即使在《高尔吉亚篇》中苏格拉底战胜了他受过修辞学训练的对手，根据西塞罗的观点，他也并没有因此证明哲学优于修辞学，而是证明了理想的哲学家和理想的演说家最终是一体的。事实上，克拉苏认为，理想的演说家最终会胜过纯粹的哲学家，因为柏拉图认为，真正的雄辩，必然假定对真理的认识，但反过来未必如此，这一点已被许多枯燥无味、缺乏说服力的哲学所证明（西塞罗1942：142-150）。因此，克拉苏直接反驳了苏格拉底的主张，即只要知道真相就足以雄辩并说服他人（西塞罗1942：1，63-65）。

对话中的另一位主要发言人安东尼反驳道，哲学对于修辞学来说是必要的，他认为，气质的体现需要伦理，而伦理反过来又需要系统的心理学（Cicero，1942：1，87-88）。简而言之，当纯粹的哲学被拒绝为一种无聊的追求时，没有哲学的修辞就显得空洞。对话中提及理想的演说家是超越行动与反思、说服与知识、实践与理论、修辞与哲学对立的人。对西塞罗来说，真理不是超然主体针对一套先前划定的对象而提出的命题的属性，而是一种行动，甚至是一种武器，在哲学家回到洞穴时，当知识表明其对统治的抵抗时，当说话的人既是自己又是他人时，思想者通过它在公共领域内产生效果：

西塞罗的政治哲学与他的修辞理论有许多相似之处。如果我们看一下《国家篇》（又译《论共和国》）的开篇几页，行动、反思、演讲和智慧之间的复杂舞蹈就会变得更加复杂，因为每一项都在限定和相对化另一项。因此，西塞罗在他的《对话录》序言中明确指出，仅仅以某种艺术或技巧的方式拥有抽象的美德，这种抽象的美德足以满足知识本身而无法在世界中实现，这在术语上是矛盾的（Cicero，1942：1，2-3）。他认为，真正的智慧不能脱离国家宪法、政治，因此也不能脱离修辞学的实践。一种独立于具体行为而存在的知识根本不是知识，而是一种自我欺骗或低级趣味。

与此同时，《国家篇》（1928）并没有为愤世嫉俗的实用主义或罗马的反智主义辩护。事实上，几何学、数学和天文学知识对理想政治家的重要性一再被强调，苏格拉底的权威性也得到了支持（Cicero，1928：1.16）。因此，当费鲁斯（Philus）作为次要对话者之一，质疑这种抽象形式的知识的相关性时，他受到莱利莱伊利乌斯的质问，当人们还没有完全了解他们"自己家里"发生的事情时，他回答说："你不认为我们应该知道正在发生的事情和正在做的事情对我们的家庭很重要吗？这所房子并不是我们建造的墙所封闭的，而是上帝赋予我们的与他们分享整个宇宙、家园和祖国的特权的。"（Cicero，1928：1.19）

莱伊利乌斯向费鲁斯提出的挑战是，在实践层面上还有许多工作要做的时候，证明这类知识的直接效用，这不是通过反驳，也不是通过对知识本身的追求进行辩护，而是通过扩大我们对当下的理解，并将先验知识包括在内。这种转变是整个对话的典型特征，其著名的结尾是"西庇阿之梦"和对天球音乐的沉思。一方面，有人坚持认为，世界上唯一真正的知识、唯一真正的智慧是采取行动的形式，行动在家庭、政府和祖国的治理层面上达到了最充分的展现；另一方面，人类行为领域的划界与人类知识中最抽象的部分：纯粹的数学和思辨宇宙学是分不开的。最终的家庭，真正的祖国，不是罗马贵族的父权制领地，也不是墙外标志着永恒天堂的传统疆界，它是宇宙本身，是人与神共同分享的整个领域。

因此，西塞罗的政治实用主义，就像他的修辞学一样，既不是愤世嫉俗地把一切形式的反思都归结为直接的效用；也不是将现实认识尽快转化为概念化的话语或客观观念；它总是体现为一种行动中的知识，也是一种只有通过反思才能获得意义的行动。正如对话的主要发言人、备受尊敬的政治家、学者和将军西庇阿所说：

就我们的土地、房子、牛群和大量的金银财宝而言，那些从未想过这些东西或将其称为"货物"的人，他认识到享受这些东西的乐趣是微不足道的，它们的用处是有限的，它们的所有权是不确定的，而且注意到最卑劣的人占有它们的数量往往是不可估量的。——被人尊敬是多么幸运啊！因为只有这样的人才能真正地声称一切都是他自己想出来的，这不是因为罗马人的决定，而是因为智者的决定，不是因为民法的任何义务，而是因为自然的法则，它禁止任何东西属于任何人，除非他知道如何使用它。（Cicero，1928：1.27）

那么善良并不是由你拥有的财富数量所决定，也不是一个宽宏与富有美德的人提出的抽象命题。相反，善恰恰是那些善者知道如何使用的东西；在这种行善的过程中，人们认识到了他们的局限性，以及从我们的终极角度来看待所有善的必要性，这是一个超越所有壁垒和所有财产的领域，他说："根据卡托的叙述，只有这样一个人才能说出，我祖父阿弗里卡纳斯曾经说过的话——他从来没有做过比什么都不做更多的事情，也从不比独处时更孤独"（Cicero，1928：1.27）。

最后，我想简单地看一些我认为与西方反霸权主义传统相一致的儒学段落。我还想说的是，如果在尽可能广泛的背景下阅读这些段落，不仅能开启未来的比较对话，而且能够使西方哲学、修辞和诗学传统的学生接受各种智慧实践：不把真理看作是可以被实现或操纵的外部事物的实践。但是，作为一系列的行动，知者、实施者总是被牵连其中，在这些行动中，允许某种技术操纵的分离越来越被看作是一种幻想，其中强调了知者、已知者和存在实践之间的深刻联系。此外，在这样一个世界上，承认这种相互联系至关重要；在这个世界中，我们有能力将自己与我们行动的后果分开；在这个世界中，知识作为一组无实体的数据，是这种分离的原因，并通过生态灾难和各种大规模毁灭性手段导致人类文明终结。因此，我认为，少知识多实践的任务从来没有像现在这样紧迫。

　　这种探索的核心是儒家的礼学观念，它是一种富有远见的正确行为，以及一套在实践中所秉承的知识，既体现着履行者对规律的掌握，也体现了他对规律的运用，在这一点上，他是明智的。我对儒家文本的起源和真实性不持任何立场，正如我对古老的苏格拉底问题不持任何立场一样。他们都是哲学家，很可能不写作，其他人则通过他们发言了解和记录他们，但他们被视为两种论述传统的宝库，这两种传统深刻地塑造了他们各自的文明。

　　我看的第一段话摘自《论语·为政篇》第二卷第三

段，主要内容涉及孔子"为政以德"的思想。他认为，领导者和被领导者之间的彻底分离会导致政治混乱，有效的政治生活来自孝、悌等道德范畴：

　　子曰："道之以政，齐之以刑，民免而无耻。道之以德，齐之以礼，有耻且格。"（《论语·为政》）

　　孔子说："用法制禁令去引导百姓，使用刑法来约束他们，老百姓只是求得免于犯罪受惩，却失去了廉耻之心；用道德教化引导百姓，使用礼制去规范百姓的言行，百姓不仅会有羞耻之心，而且也就归顺守矩了。"

　　我不想争辩说这句话没有任何问题。可以辩论的地方很多，但我想提请大家注意它对政治领袖的主观立场。无论是封建领主还是现代大学管理者，都不应该是他管理对象的指挥者——在这个过程中，必须不断地进行谈判，以创造一种共同的文化，这种文化不仅是一套主张，而且也是通过仪式——通过节奏、形象、叙述、实践甚至是专题讨论会——进行交流和谈判的文化。

　　孔子提到的做法包括祭祀仪式、饮食准备形式、品茶及歌曲。在第一章《学而篇》第十五节中，我们发现夫子和他的弟子子贡一起努力定义美德，即安贫乐道。

　　　　子贡曰："贫而无谄，富而无骄，何如？"子
曰："可也。未若贫而乐道，富而好礼者也。"

　　　　子贡曰："《诗》云：'如切如磋，如琢如
磨'，其斯之谓与？"子曰："赐也，始可与言
《诗》已矣，告诸往而知来者。"（《论语·学
而》）

　　子贡说："贫穷而能不谄媚，富有而能不骄傲自
大，怎么样？"孔子说："这也算可以了。但是还不如虽
贫穷却乐于道，虽富裕而又好礼之人。"子贡一开始就把
美德定义为没有传统恶习。穷人奉承是因为他们必须这样
做；富人们因其财产而感到无端的骄傲。那些克服了这些
常见缺点的人是行为的典范。孔子对子贡的反应是大力
反驳。穷人不仅避免了一般的恶习，而且还积极地遵循
"道"——即围绕着孝道（"孝"）、仁爱（"仁"）
和礼节（"礼"）的一套做法——这才是真正高尚的人
（"君子"）的真正道德标准。同样，富人们避免骄傲是
不够的，他们必须热爱社会礼仪，并遵守其规则。
　　关于美德与公共实践的关系的讨论，接下来的对话

不是追求一套抽象的定义，也不是追求空想，而是引用中国传统权威的《诗经》，据说这些书是由孔子自己收集编辑的（尽管这似乎不太可能）。子贡说："《诗》上说，'要像加工骨、角、象牙、玉石一样，切磋它，琢磨它'，就是讲的这个意思吧？"孔子说："子贡呀，你能从我的话中领会到我的意思，举一反三，我可以同你谈论《诗》了。"品德高尚的人是被培养或塑造的人，是自我不断修养的结果，或者用福柯的术语来说，使自己接受一种存在的美学。有美德的人的生命是一块被不断塑造、磨光、切割的石头或者宝石，就像诗歌所说的一样。

　　孔子回答子贡，他再次通过反诘提出自己的观点。他承认学生对《诗经》的了解，然后以此为基础做出更广泛的概括。通过了解诗经，一个人知道了过去，不仅仅是一组孤立的名字、日期或事实，而是一系列情感、形式和经历。在获得这种知识的过程中，一个人可以预测未来，预测它的存在结构，它的感觉范围。品德高尚的人循道而行，热爱仪式，并懂得通过诗歌将其传达。他知道如何恰当地行动。这就是贵族的定义，既不是源于偶然出生，也不是以代码的形式脱离实体的知识，而是正确的行动。

　　"子曰：'不患人之不己知，患不知人也。'"（孔子说："不怕别人不了解自己，只怕自己不了解别人。"）借用西塞罗的说法，"君子"是那种在了解别人的过程中，也使别人了解自己。"子曰：'君子周而不比，小人比而不周。'"（孔子说："君子合群而不与人勾结，小人与人勾结而不合群。）

这并不是说儒家体系中的知识没有内容，或者知识只是任何人做的事情；而是要承认所有的知识都是内在的、嵌入的，是社会的，甚至是修辞性的，这是一件好事。当然，没有一个临时的——我想说是"讽刺的"——将知者和已知的区分，就不可能有批评，没有判断，就没有知识本身。不过，每一次暂时分离，都是在世界范围内，在一系列的惯例内，以及在声明的语言范围内采取行动，绝对不会让这个问题与世界对立起来，被人知道：

子曰：不知命，无以为君子也；不知礼，无以立也；不知信，无以知人也。（《论语·尧曰》）

孔子说："不懂得天命，就不能做君子；不知道礼仪，就不能立身处世；不善于分辨别人的话语，就不能真正了解他。"

这就是为什么比较的实践是至关重要的。这就是为什么翻译，不仅仅是在语际层面，是至关重要的。这就是教育行为所真正体现的，而不仅仅是按照一套既定的规则或准则熟练掌握技术。

我是一个文学学者，但我也是一个大学行政人员（美国南卡罗莱纳大学副校长）。我在教育、商业、心理学和社会科学领域的同事们，对知识的看法是，知识是一套由独立的主体针对一套有明确界定和可以明确分开的对象提出的精确命题。他们甚至是最有经验的，非常笛卡尔式的。当学生知道他们所学的东西时，他们就能够提出同样的命题。如果他们是高年级的学生，他们应该能够对这些事情形成新的观点。如果他们真的在做独创性的研究，他们甚至会提出关于新对象的新主张。但在任何情况下，在这些学科规范中，提出这些命题的行为都没有将主体牵扯到一个预设的意义世界中，这使得它们的命题和观念成为可能，也没有将它们牵扯到对象本身的世界中。对真理的这种理解，可以对学习目标进行评估，映射认知形式图，绘制消费者偏好图，在不会损害观察者与被观察者分离的前提下，在不质疑自我或存在世界的定义边界的前提下。

这正是海德格尔作为形而上学的终极目标所看到的技术世界。但是，正如我们所论证的那样，在被抽象的柏拉图式哲学中，存在一种被福柯标记为"精神修行"的另类话语。随着时间的推移，这些实践越来越脱离哲学及其对科学的定义。他们被边缘化，被排斥到仪式、诗歌和修辞的模糊领域。

我希望通过本文表明，通过阅读，我们将自己的智慧传统与儒家传统和其他亚洲传统的传统进行比较，有助于使我们自己的系统潜在的盲点日益凸显，使我们重新思考真理，知识和智慧等基本概念，为与这个世界建立更具实用性和包容性的关系提供必要的工具。

参考文献：

1. BARY W T , BLOOM I, 1999. Confucius and the Analects// Bloom I. Sources of Chinese Tradition: From Earliest Times to 1600. 2nd ed. New York: Columbia University Press,41‐64.

2. CICERO M T, 1928. De re Pubicla, De Legebus,Loeb Classical Library . Cambridge, MA: Harvard University Press.

3. CICERO M T, 1942. On the Orator [De Oratore], Books I–II. Loeb Classical Library . Cambridge, MA: Harvard University Press.

4. DERRIDA J, 1993. Khôra, Paris: Galilée.

5. FOUCAULT M, 1984. L'usage des plaisirs. Histoire de la sexualit é. Paris: Gallimard.

6. FOUCAULT M, 2001. L'Herm é neutique du sujet: Cours au Coll è ge de France, 1981—1982. Paris: Gallimard/Seuil.

7. GADAMER, 1991. Plato's Dialectical Ethics: Phenomenological Interpretations Relating to the Philebus. New Haven: Yale University Press.

8. HADOT P, 1995. Qu'est−ceque la philosophie antique. Paris: Gallimard.

9. HEIDEGGER M, 1962. Being and Time. SanFrancisco: Harper San Francisco.

10. HEIDEGGER M, 1982. "The Age of the World Picture," The Question Concerning Technology and Other Essays. New York: Harper Torchbooks, 115‑154.

11. HEIDEGGER M, 1998. Plato's Doctrine of Truth. Cambridge: Cambridge University Press.

12. IRIGARAY. L, 1984. Ethique de la diff é rence sexuelle. Paris: Minuit.

13. JONES R, 2011. Irigaray: Towards a Sexuate

Philosophy. Cambridge: Polity.

14. MORTENSEN E,1994. The Feminine and Nihilism: Luce Irigaray with Nietzsche and Heidegger. Oslo: Scandinavian University Press.

15. OUDEMANS T C, LARDINOIS A P,1987. Tragic Ambiguity: Anthropology, Philosophy, and Sophocles' Antigone. Leiden: Brill

16. PLATO ,1997. Plato: Complete Works. Indianapolis: Hackett Press

17. SALLIS J, 1999. Chorology: On Beginning in Plato's Timaeus. Bloomington: Indiana University Press.

18. WOLFF, 1992. Trios: Deleuze, Derrida, Foucault, historiens du platonisme// Cassin B. Nos Grecs et leurs modernes: Les Strat é gies contemporaines d'appropriation de l'antiquit é. Paris: Seuil.

19. ZUCKERT C H, 1996. Postmodern Platos: Nietzsche, Heidegger, Gadamer, Strauss, Derrida. Chicago: University of Chicago Press.

第五章　无名圣人：希腊—中国哲学中的智慧与名望

戈尔·西古尔松[①]

对于数字媒体时代的名誉观，柏拉图、亚里士多德、儒家和道家，他们都有话要说。

引言

所有迹象表明，不同文化和任何时代的人都认为名望是可取的。这一点不足为奇，因为名望显然有可能提供有利的社会地位和经济机会。正如马克斯·韦伯（MaxWeber）近一个世纪以前所指出的那样，"社会地位（声望）可以而且经常是权力的基础，也是经济实力的基础。（1972：531）"韦伯的社会分层理论主要针对世袭头衔，但名望无疑是社会地位的另一种形式。而从这个意义上说，名声通常

[①]　戈尔·西古尔松（Geir Sigurðsson），冰岛大学语言与文学学院教授。

与应得的功绩联系在一起。人们普遍认为，任何一个人享有名望的广誉度，通常都是个人非凡的成就、能力和智慧的象征。可以说，名望也可以被看作是一个人理想的内在力量的外在表现。正如马克·罗兰兹（Mark Rowlands）所观察到的："名声，从字面上看，是用来表达对理想人格的崇敬和典范（Rowlands，2008：13）。"

然而，在当代世界，名望已经不是以前的样子了。大众媒体的出现，更不用说数字时代的到来，似乎使一个人成名的原因———一个人的才华或能力——在很大程度上变得次要，甚至是完全无关紧要的。现在重要的是名声本身：他人的广泛关注度。在现代社会，名望的产生更多来自欲望，它的对象是没有原因的结果，就像没有植物的果实。名人被钦佩和羡慕的主要原因不在于他们的能力，而是他们的名声。在当代全球媒体中，数以百万计的人关注名人，阅读他们的故事，追随他们的一举一动，梦想成为他们，或至少像他们那样生活。从流行的角度来看，他们以"模范人物"的形象出现，值得效仿。

普通群众寻求加入他们的队伍。数千人在诸如《美国偶像》（American Idol）和《X音素》（X-Factor）等选秀节目的场地外露营数日参与试镜，尽管对大多数参赛者而言，他们明白自己是远离娱乐界的人才（Rowlands，

2008）。他们参与各种骇人听闻但大多没有任何意义的群众性的表演秀，纯粹是为了博得关注。[①]当然他们是渴望成名的极少数人，大多数人只是这一夜成名表演秀愿望的非参与者。在当代社交媒体上也表现出了某种微观形式的成名渴求，在这些媒体上，人们几乎用任何可能的手段来争取关注。当然获得他人关注的愿望是完全可以理解的，甚至是合法的。我十四岁的女儿告诉我，即使在她的学校里，他们也有"名人"。她解释说，一个人是否是名人，取决于一个人在脸书（Facebook）上收到的"点赞"的数量。收到点赞最多的人成为学校的"名人"。我问："那么，做这样一个'名人'有什么好处呢？""嗯，"她说，"每个人都想成为你的朋友，和你一起出去玩。"这可能需要对友谊及其含义做进一步调查，但与此同时，在获得这种社会地位的过程中，名声显然可以帮助成名者得到具体的好处，特别是对于那些努力形成自己身份、寻求同伴承认的青少年而言。

然而这种微名的竞争并不局限于青少年。成人脸书上的用户也会注意到他们收到了多少"点赞"。在社交媒

---

① 《吉尼斯世界纪录大全》可能是此类表演最著名的场所，列出了诸如"将最多的吸管塞在嘴里（手拿开）""收集最多的呕吐袋"和"以最多的旋转动作在一分钟内从电钻上吊下来"等纪录。

体的某些领域，所谓的"克劳特分数"[①]已经被引入，它被认为是衡量一个人社会影响力的标准，由他网络社交平台的关注人数、喜欢、转发、分享等因素决定。互联网上无数的文章在指导我们如何提高克劳特分数（Bischoff，2013）。这些分数甚至被列出来，或者被编入索引，这样任何人都可以成为一个潜在的"网络"名人，只要他或她在网上多发表见解或观点，从而提升他在克劳特分数名单上的排名。

正如韦伯所观察到的，一个人的名望往往会促进他的权力或权威。人们经常就一系列令人惊讶的广泛的话题征询名人的见解、观点和看法，而不管他们是否对这些话题有所了解，诸如：如何保护我们的环境、如何减少贫困、如何传播宽容、如何改善民主等等。当然，我们也会经常向特定的、有名望的个人征求意见，这些人要么是某一领域的专家，要么是在某一特定职位上能够对相关领域施加影响的人。比如对穆萨蒙赫·艾伯塔卡尔，伊朗第一位女性副总统兼环境组织主席、免疫学专家，征询她对环境问题的看法；对潘基文（前联合国秘书长）问及关于

---

① 克劳特通过使用推特上的数据点来衡量影响力，比如以下数据点：关注者数量，转发，列表成员，关注者中垃圾帐号/僵尸号的数量，转发你的人有多少影响力，以及单独@的数量。这些信息与来自其他社交平台关注者和互动的数据相结合，得出克劳特分数。

如何减少贫困的问题；对阿尔弗雷多·卡斯蒂略·霍约斯（巴拿马的政治学者、教授和人权积极分子，联合国人权事务委员会成员）问及民主的观点。这些对相关领域专家的意见征询，被认为是完全合理的。

讽刺的是，这些人自己可能并不是很有名。事实上，他们并不是真正的"名人"，这证实了名人现象已经发生了根本性的变化。在过去，名人因其成就或品质而受到人们的钦佩，这些成就或品质给他们带来了名声，但现在他们的财富或才华、智慧或能力，已经不再是必然的了。专家在他们特定的专业领域可能很有名，但总的来说他们并不出名。在现代，似乎出现了一种当代的名望，我们有相当多的人不出名，至少没有什么特别的名声，但他们仍然经常受到媒体的追捧，就像他们拥有了深刻的智慧。的确，智慧仍然明确地归于他们，就像某种代表过去名声的痕迹。

毫无疑问，许多名人都擅长他们的工作。他们可能是优秀的歌手、演员、模特等等。另一些人则为出名而出名（Raiford，2014）。但是无论这些名人用哪一种方法成名，很明显，给他们带来名声的确不是智慧。尽管如此，但他们仍仅仅因为出名而成为榜样，然后公众就会急于了解他们的见解和观点。很多人会认真倾听这些名人的言论，认真对待他们，并追随他们的见解，就好像他们有一些智慧可以分享，同时却不愿意接受他们不了解的穆萨蒙赫·艾伯塔卡尔的建议。

本文对名利现象与智慧的关系进行了初步的哲学比较研究。尽管对这一主题的哲学研究并不广泛，但名望仍然是社会生活中非常重要的一个方面，许多不同的哲学家在智慧历史的进程上都对此进行过探讨。毫无疑问，在这短短的一章中，我们无法对所有问题进行全面的介绍，而且其范围仅限于具有开创性的古希腊和中国哲学。的确，由于这些传统中有那么多可供选择的东西，所以以下我所做的介绍，只能被看作是中西方古代哲学就智慧与名望二者关系的一个粗略概述。关于这个话题，希望接下来能有其他更详细的论述。

虽然许多哲学家都提到过名利，但无论是过去还是现在，很少有哲学家对这一现象进行过专门研究。[①]他们似乎试图忽视名望。在著名的哲学家苏格拉底被判死刑并被处死之后，我认为也许保持低调是明智的。哲学家们摒弃名声的另外一个原因可能是因为他们视名声为尼采

① 罗兰兹是一个明显的例外。

的"奴隶道德"①的一个版本（潜台词是追求名望是"奴隶道德"的人格特征，是为人所不齿的）。当然，哲学阵营中也有名人，但是有多少哲学家真正出名呢？也许，哲学家们因为不能拥有它，所以忽略了它，认为名望毫无价值。然而哲学家不能完全忽视名望现象，这曾经是普通人渴望的明显对象。西方的柏拉图和亚里士多德，中国的儒家和道家，对此都有自己的看法。

在结束这一导论之前，我们可能会注意到名声概念的一个关键（尤其是在当代）就是对自我的高度关注。现代社会的趋势是高度重视自我；事实上，我们相当沉迷于自我意识之中，尤其是对自我的重视程度。然而尽管自我的重要性在当代西方和其他地方可能已经达到前所未有的高度，但自我意识概念本身却不是什么新鲜事。

事实上，自我的发现甚至被解释为哲学思维的起源，最引人注目的是卡尔·雅斯贝尔斯在他的（存在一些争议的）"轴心时代"理论中声称，在欧洲、印度和中国，自我意识可以被看作一种心灵上的、个性和自我意识的升华

---

① 主人—奴隶道德说是德国哲学家尼采提出的哲学概念，最先出现在《善恶的彼岸》，后在《道德谱系学》一书中得到最大的申说。尼采认为，最基本的道德形态有两种——"主人道德"和"奴隶道德"。主人道德把行为放进"好"与"坏"（道德价值观不同）的标准之中；奴隶道德即是把行为放进"善"与"恶"（本质不同）的标准中。

（Karl Jaspers，1949：21）。在雅斯贝尔斯看来，自我意识是哲学反思的必要条件。然而，在心理上，如果没有他人的承认、认可和尊重，无论在哪里，保持自我都不太可能成功。如果"重要的其他人的看法……对我来说它们不仅是外在的"，而且"有助于构成我自己的人格"（Taylor，1989：509），我们有理由认为，我越自恋，就越渴望得到他人的认可。无论如何，对荣耀的追求，对名声的渴望，在大多数（如果不是所有的）古老传统和任何时候都可以找到。换句话说，想要出名是人之常情。

让我们从古希腊的哲学开始我们的旅程。

古希腊的智慧和名望

荣耀、名声和声誉在《荷马史诗》中都被视为可嘉之物。荷马清楚地将名声视为对显著的才能、能力或智慧的认可。在《奥德赛》中，奥德修斯的儿子忒勒玛科斯被形容为"智慧女神雅典娜注定要使他成为有智慧的青年，在人类的子孙中名扬四海"。在史诗的结尾，忒勒玛科斯祝福这快乐的日子，"在我闭上眼睛之前，我看到了阿尔西斯的后代子孙，为了美德而奋斗，为了名誉而斗争。"

《奥德赛》和《伊利亚特》中都无数次地提到了

荣誉、名望、荣耀和名声。然而正如上面的引文所显示的，名声总是和智慧、美德以及同样令人钦佩的能力联系在一起的。因此获得名誉无疑是一项需要天资的挑战。名声和荣耀一样，是一个充满价值的词，与羞耻形成鲜明对比。虽然两者都吸引了他人的注意，但二者之间的对比是相当明显的。荣耀是指别人对某些非凡的行为或能力的钦佩，而羞耻感是指别人对一些令人可悲事情的谴责。正如我们从《伊利亚特》中看到的，格劳科斯有一次批评赫克托尔在战斗中怯懦，他的名誉因此受损。"赫克托尔——我们美丽的王子，在战场上你的表现是多么的羞耻！因为你的逃跑，你的荣耀尽失，当时你就像一个不顾脸面夺路而逃的女孩。"换句话说，名誉扫地也是名声，但它是空洞的或毫无价值的。

当伟大的哲学家们出现在古希腊的历史舞台上时，荷马的著作中所发现的实名和虚名的区别似乎已经在希腊文化中被削弱了。赫拉克利特仍然以他典型的夸夸其谈的风格，把名声或荣誉说成是只有杰出的人才能享受的东西："最好的选择就是用一件东西来交换一切，那就是凡人间的名望，但大多数男人都像牲口一样满足自己。"（Kahn，1979：73）

在这方面，赫拉克利特只能通过把群众比作野兽来表达他那贵族式的蔑视；或者他可能指的是英雄行为，比如阿喀琉斯在战斗中选择光荣地死去。但与此同时，赫拉克利特同样轻蔑地提到那些不配享有智慧名声的人："在我所听到的所有人的叙述中，没有一个人达到这样的地步：认识到什么是智慧，什么是与众不同的"（Kahn，1979：114）。正如卡恩所言："那些被认为是智慧的人不配拥有智慧的称号：他们不知道智慧是什么，因此与之分离。（Kahn，1979：115）"如果我们不把赫拉克利特的这句话简单地看作是对他的前苏格拉底时代的前辈们的傲慢攻击，那么这句话可能表明，在他那个时代，让自己显得聪明和努力，或许主要是为了享受随之而来的特权，至少这在他的时代并非闻所未闻。这样看来，名声和名望似乎逐渐成为一种徒有其表的东西，独立于它们的基础之外，而与它们的基础（智慧）无关——这正是伟大的哲学家柏拉图和亚里士多德批评的主要对象。

简·萨伊夫（Jan Szaif）最近指出，在古希腊传统的对理想社会的"前哲学观点"里，一个繁荣昌盛的理想社会应该是国家富足，人民健康，而这个理想社会的组成要素是：优秀公民们，他们有持久的名声，健康和英俊的形体，个人拥有丰厚的财富和兴旺的家庭等。（Szaif，

2011：209）

这些外在的"财富"当然不会被柏拉图和亚里士多德拒绝。事实上，亚里士多德明确指出幸福的组成部分是"名声，荣誉，好运和卓越"（Aristotle，1984：1360b）。但柏拉图和亚里士多德对待幸福的态度比其他方面更为严格。此外他们往往赋予智慧这一灵魂内在品质以更大价值，这表明他们对人的外在的名声有不同看法。

柏拉图假借苏格拉底之名，通过对话寻求智慧，因此他会和那些享有盛誉、以智慧著称的人交谈。虽然在柏拉图的对话录中可以找到其他类似的例子，但我打算把我的讨论限制在相对简短的《大希庇阿斯篇》内，在我看来，这是对名望和荣耀的柏拉图式的优雅总结。值得一提的是，虽然《大希庇阿斯篇》作为柏拉图著作的真实性存在争议，但其内容被公认为是真正的柏拉图式的（Cooper，1997：899）。无论如何，对话的真实性对我的目的来说并不重要。

对话的内容很适合这个主题。苏格拉底向以智慧著称的诡辩家希庇阿斯请教：卡龙（Kalon，"美本身"，指身体和道德美的本质）是什么？是优秀、高尚还是令人钦佩的品质，或者如希庇阿斯所定义的那样："在年轻时便已学会的，使自己显名的那种行为。"（Plato，1997：
286b）。苏格拉底的对话极具讽刺意味，一次又一次地赞
扬希庇阿斯"穿着精致，举止优雅，以智慧闻名于整个希
腊"（Plato，1997：291b），但与此同时，苏格拉底又嘲
笑他是一个赚钱的吹牛者。在对话一开始，希庇阿斯描述
了他是如何忙碌，以及希腊各城邦如何追捧他，苏格拉底
回应道：

> 希庇阿斯，这才是真正的智者，一个成就卓著
> 的人，私下里，你能从年轻人身上赚到很多钱（而
> 且还能使他们得到更大的利益）；在公共场合，你
> 能够通过任职来为你的城市提供良好的服务（这对
> 于一个不希望被鄙视，而希望被普通大众欣赏的人
> 来说是合适的）。
>
> 但是，希庇阿斯，你怎么解释这一点：我们看
> 到，在旧时代那些仍然以智慧闻名的人——庇塔喀
> 斯，毕阿斯，必阿斯（古希腊七贤），以及米利都学
> 派的泰勒斯，还有后来的阿那克萨戈拉学派，所有人
> 或大多数都远离国家事务？（Plato，1997：281 b-c）

苏格拉底在这里指出了"旧时代"与他所生活的时

代，那些被认为是智者的行为的一个关键区别。在早期（旧时代），那些智者不愿任职，不愿寻求权力，不愿成为关注的焦点，而这些正是他们当代同行的目标。事实上，在当时，名望和物质财富已成为衡量一个人智慧的标准。

在对话中，希庇阿斯讲述了他在希腊各地展示他的智慧所赚到的巨额财富，苏格拉底回答说：

> 希庇阿斯，你说得很好，有力地证明了你自己和现代人的智慧，也证明了现在的人比古人优越。据你说，我们的前辈中有很多无知的人，一直到阿那克萨戈拉。人们说，与你的情况相反，他继承了一大笔遗产，但由于忽视其余而失去了一切（他穷得只剩下钱了）——他的智慧太少了。他们讲的故事都是关于其他早期智者的。这里有很好的证据，你们让我看到，我们的同龄人比以前的人优越；现在许多人也会有同样的看法，即一个聪明人主要是为了自己的利益着想才有智慧。我明白，聪明的标志是某人赚的钱最多。（Plato，1997：283）

没有必要详谈这次对话的细节。在我们的印象中，它的主题是对"美"的含义讨论，本质上它是主张柏拉图式的"美"的客观性，反对根据物质利益、声望和名望来判断美的相对主义诡辩论。柏拉图为名至实归的声誉和名望寻找一个客观的标准，给予智慧或其他优秀的品质以优先的地位，这与把外在的成功表现作为优秀的标准是不同的。换句话说，富有、出名、受欢迎，甚至被许多人认为是明智的，并不能保证一个人是否有真正的智慧和价值。

在这方面，亚里士多德既没有柏拉图那么讽刺，也没有柏拉图那么严厉。柏拉图似乎真的看不起那些以空洞的借口追求名望和声望的虚荣的人。亚里士多德的评判要温和得多。柏拉图之所以鄙视名望，一个可能的原因在于，他指责他心爱的老师苏格拉底是被虚荣、贪婪、渴望权力的人处死的，这些人只关心自己的物质利益，无视真理和知识。

亚里士多德在很大程度上同意柏拉图的观点，即名望、荣誉或声誉必须是当之无愧的，因此必须有某种客观的标准来证明它的价值。他说："荣誉，是对卓越的奖励，它是善的呈现。"（Aristotle，1984：1123）骄傲的人将接受"好人授予的荣誉"并对他们"适度地感到满意"，"但他会完全鄙视来自普通人的荣誉和微不足道的赞誉。"（Aristotle，1984）。这个骄傲的人似乎与亚里士多德在其他地方所称的"灵魂伟大的人"相对应。

> 这是一种介于虚荣心和渺小心灵之间的中庸之道，与荣辱有关，不是与许多的荣誉有关，而是与善的荣誉有关，或至少更多地与后者相关。
>
> 因为良善的心，用知识和公平赐给人尊贵。那么他宁愿被那些和他一样清楚自己应得荣誉的人尊敬。因为他关心的不是一切荣耀，而是至高的荣耀，这就是作为美德中最重要的善的荣耀。那么那些卑鄙龌龊的人，自以为配得上伟大的事业，由此以为应该受到尊敬，他是虚荣的。（Aristotle，1984）

因此，"追求名声，以外在名声为目标，而不是以善良与否的内在品质为目标，是一种应受谴责的行为。"（Aristotle，1984）但亚里士多德对那些寻求他人认可的追名者的评判并不特别严厉：

> 没有不可告人的目的，而只是要求更多的人，是可鄙的……但只是无用的，而不是坏的；但如果他为了一个目标，如果为了名誉或荣誉而行动……

不应该受到太多的指责。但是如果为了金钱而做事的人，则是一个更丑陋的人。（Aristotle，1984）

亚里士多德之所以对这两种对立的人有不同的态度，是因为：一个人自吹自擂，其实并未剥夺别人的一切；而为了金钱的人，恰恰是出于对他人的谋利而别有用心。在这方面，亚里士多德特别指的是那些声称自己拥有特殊权力并利用它向他人要钱的人，如先知、预言家和其他人。

总之，希腊的大师们强调美德必须是当之无愧的（名声是内在善的品德的外在体现）。而以自己的雕虫小技而被承认或闻名的，就像希庇阿斯一样，远不是一个真正的聪明人。柏拉图试图揭示某些人的声誉被高估，并表明大众对一个人的价值的衡量是不可靠的。

中国古代的智慧与名望

中国古代思想家在很大程度上与希腊同行的意见一致——名声需要一些潜在的品质或资质来使之当之无愧。他们承认名誉和声望是一个人社会利益和社会权力的重要源泉。这种观点特别适用于儒家思想家们，在社会和国家治理上，他们显然是精英主义者，与柏拉图不同，他们相信政治和社会事务应掌握在最有能力的社会成员手中。因此智慧是获得名望的重要、甚至是必要的先决条件。

　　像柏拉图一样，孔子似乎害怕渴望权力的人，这些人可能聪明，但实际上并不是真正的智者，他们会将名声表现为自己在政治上的治理能力而让大家认可。从这个意义上说，名声作为一种价值标准是行不通的，必须对其人的名声进行彻底的审查。

　　正如我们将在下面看到的那样，道家也对名声保持警惕，尽管原因各不相同。但我们首先要看一下儒家的警示，即肤浅的大众评价是基于外表的。

　　首先应注意的是，在原则上，孔子并没有反对被人知晓，相反，孔子说："君子疾没世而名不称焉。"（《论语·卫灵公》）。既然（儒家）学习的目的是改善社会，那么儒学家渴望功名是很自然的事情。毫无疑问，以自己的智慧和能力而闻名将有助于实现这一治国理想。但事情并非如此，关键是扬名或名声恰恰不是重点，它只是一个建功立业的一个方便的工具。看看以下两段文字，这就是孔子所批判的，基本表达了同样的想法：

　　　　子曰："富与贵，是人之所欲也，不以其道得

之，不处也。"（《论语·里仁》）

子曰："……不义而富且贵，于我如浮云。"
（《论语·述而》）

因此，一个人的声誉或名望必须因正确的理由获得。他们需要当之无愧。孔子和他的追随者们都意识到，某些人可能会因为他们实际上并不具备的品质或能力而寻求称赞，这是危险的。外表是很具有欺骗性的，有些人很擅长让别人相信他们拥有某种出众的能力。

从儒家的观点来看，一个人的外表或身心素质可以反映一个人的修养。在这方面，孟子明确地指出，"君子"，具备儒家高度的人生修养，可以表现在外表上："君子所性，仁义礼智根于心，其生色也，睟然见于面，盎于背，施于四体，四体不言而喻。"（《孟子·尽心上》）

然而，一个人的外表和风度是一个人内心的反映，但反过来却不一定。也许有些人善于把自己描绘成一个拥有真正智慧和非常有内涵的人，但这可能是一种表象，这是一种掩饰的艺术，实际情况并非如此。孔子把显达（闻）和卓越（达），明确区分开来。

子张问："士何如斯可谓之达矣？"子曰：
"何哉，尔所谓达者？"子张对曰："在邦必闻，
在家必闻。"子曰："是闻也，非达也。夫达也
者，质直而好义，察言而观色，虑以下人。在邦必
达，在家必达。夫闻也者，色取仁而行违。居之不
疑，在邦必闻，在家必闻。"（《论语·颜渊》）

子张问："士怎样才可以叫做通达？"孔子说：
"你说的通达是什么意思？"子张答道："在国君的朝廷
里必定有名望，在大夫的封地里也必定有名声。"孔子
说："这只是虚假的名声，不是通达。所谓达，那是要品
质正直，遵从礼义，善于揣摩别人的话语，体察别人的脸
色，谦恭待人。这样的人，就可以在国君的朝廷和大夫的
封地里通达。至于有虚假名声的人，只是外表上装出仁的
样子，而行动上却正是违背了仁，自己还以仁人自居而不
惭愧。但他无论在国君的朝廷里和大夫的封地里都必定会
有名声。"

再来看看孟子提出的这个深刻的比喻：

徐子曰："仲尼亟称于水，曰：'水哉，水
哉！'何取于水也？"孟子曰："源泉混混，不舍

昼夜。盈科而后进，放乎四海。有本者如是，是之取尔。苟为无本，七八月之间雨集，沟浍皆盈；其涸也，可立而待也。故声闻过情，君子耻之。"

（《孟子·离娄下》）

徐子说："孔子多次称赞水，说道：'水啊，水啊！'他到底觉得水有什么可取之处呢？"孟子说："源头里的泉水滚滚涌出，日夜不停，注满洼坑后继续前进，最后流入大海。有本源的事物都是这样，孔子就取它这一点罢了。如果没有本源，像七八月间的雨水那样，下得很集中，大小沟渠都积满了水，但只要很短的时间就干涸了。所以，声望名誉超过了实际情形，君子认为是可耻的。"

孔子在论述中提出了一对相互对立的名词，即"闻"与"达"。"闻"是虚假的名声，并不是显达；而"达"则要求士大夫必须从内心深处具备仁、义、礼的德性，注重自身的道德修养，而不仅是追求虚名。这里同样讲的是名实相符，表里如一的问题。

（1）子张注重表面名声，而孔子更注重品德和礼义。

（2）孔子从内在修养和对待他人等方面，提出了

"士"只有做到品质正直、遵从礼义、善于体察人情、对人谦恭有礼，才算是真正的通达。

最近发现的郭店楚简《五行》篇，是1973年马王堆发掘后中国第一次出土的先秦文本，此篇可能是孔子的孙子子思或他的弟子撰写的，一开篇就对形于内的"德之行"与不形于内的"行"的关系作了说明，第一段就说："智形于内，谓之德之行；不形于内，谓之行。"

在其他儒家核心观念中，对智慧的内质与外行，后来又有相同的论证，如"义"（适当行为），"礼"（礼仪）和"圣"（睿智）。这里的一个重要含义是，"德"的一种是以内在智慧、才能和诚意体现，而另一种则是通过外在的纯粹模仿，这二者之间的差异必然大相径庭。后者仅仅是对外在形式的模仿，将是空洞的，至少对任何有能力区分它们的人来说是如此。但这似乎又带来一个问题：一般民众没有这种辨识能力。因此民众的欢迎程度以及某个人表面享有的声誉度，不能成为衡量该人德行的标准。亚里士多德坚持认为必须有一个客观的标准，以据此衡量一个人是否应该受到赞扬或谴责，应以善恶为标准，而不以众人好恶为依据，这一点显然为孔子所认同。从以下这段可以看出。

　　子贡问曰："乡人皆好之，何如？"子曰：
"未可也。""乡人皆恶之，何如？"子曰："未
可也。不如乡人之善者好之，其不善者恶之。"
子曰："众恶之，必察焉；众好之，必察焉。"
（《论语·子路》）

　　子贡问孔子说："全乡人都喜欢、赞扬他，这个人
怎么样？"孔子说："这还不能肯定。"子贡又问孔子
说："全乡人都厌恶、憎恨他，这个人怎么样？"孔子
说："这也是不能肯定的。最好的人是全乡的好人都喜
欢他，全乡的坏人都厌恶他。"子曰："乡愿，德之贼
也。"（伪善的老好人，就是败坏道德的人。）（《论
语·阳货》）

　　因此，尽管孔子明白名望和声望是强大的因素，但
他更愿意降低它们的价值和影响。把孔子的以下言论理解
为对大众观念和名誉价值的一种嘲弄，也许并不牵强：

　　达巷党人①曰："大哉孔子！博学而无所成
名。"子闻之，谓门弟子曰："吾何执？执御乎？

---

　　① 达巷党人：古代五百家为一党，达巷是党名。这是说达巷党这地方
的人。

执射乎？吾执御矣。"（《论语·子罕》）

达巷党这个地方有人说："孔子真伟大啊！他学问渊博，因而不能以某一方面的专长来称赞他。"孔子听说了，对他的学生说："我要专长于哪个方面呢？驾车呢？还是射箭呢？我还是驾车吧。"

后来汉代的儒学思想家杨雄（公元前53—公元18）在他的《扬子法言》中非常简洁地总结了儒家在这个问题上的观点："不为名之名，其至矣乎！为名之名，其次也。"（《杨子法言·孝至》）儒家在名声和声誉问题上的很多方面都接近柏拉图和亚里士多德的观点。他们观点的相似性在某种程度上源于他们对政治生活的相似态度——希望借助声誉让真正的智者在治理社会中发挥作用。声誉当然是有帮助的，因为它可以产生一些社会影响，但仅仅为了名誉而追求名誉，不管是为了自身的利益还是为了获取财富和权力，这只能是虚伪的，而且还可能对社会有害。

让我们最后谈谈道教，在此我们遇到与上面谈到的观点略有不同的见解和观点。但可以肯定的一点是，道家在很大程度上与柏拉图和儒家的观点一致，国家最好由智者统治。然而，与此同时，他们对参与此类国家治理是否明智表示怀疑，并指引我们远离政治、官职或任何能让我们成为众人焦点的事情。尽管如此，《道德经》却在很大程度上是被作为贤能统治者的手册而撰写的。在《道德经》中，老子说，这样的统治者，将试图淡化对名望的热衷，因为对名望和声望的渴望必然会引起社会的不安："不尚贤，使民不争。"

因此，这样做的目的是为了阻止人们追求名声，因为名声好比昂贵的商品，是人所渴求的。人们越不重视这些东西，就越不去争，社会就会越安宁。老子似乎从统治者的角度，对普通百姓持有一种居高临下的态度：他们越无知，他们越好管理。然而，道家在名声问题上的否定态度不仅缘于政治上的务实，而且更重要的在于：追求名誉不会让我们的生活变得更美好。我们因为追求名声，会把时间和精力浪费在由此而产生的痛苦、失望和其他影响我们健康的情绪上，并导致与周围环境的不和谐。而且如果我们不幸地功成名就了，其结果可能会更糟糕；我们也许永远无法回到宁静和谐的境地。老子指出了世俗人追逐名利，在利害与得失之间盘桓，到头来只会精神崩溃，心智丧尽。事实上，老子同样建议一个明智的统治者应该保持低调，以简单为目标，不要被诸如名誉和荣耀等肤浅的价值观误导。"名与身孰亲？"一个统治者完全不为人所知，对自身的荣誉可能是一个挑战，但是他越不为人所知，对社会和统治者来说，就越好。

而道家的另一位思想家，庄子，将道家思想发展为一种生活哲学，并将其发扬光大。庄子的总体观点是，既然我们享受着人的形式，以及它所带来的特权和能力，那么把它浪费在阻碍我们充分利用它的目标和担忧上是不明智的。《道德经》，尤其是《庄子》有力地说明，我们需要克服教养和社会化带给我们的影响，并揭示出许多最世俗、最普遍的社会价值的无用性，甚至是危害性。《庄子》中的几个例子足以阐明这一观点。

《逍遥游》第一章的段落为他的观点定调："至人无己，神人无功，圣人无名。"要对这些相当神秘的主张进行全面的解释，需要长时间的讨论，但简单地说："修养高的人，会忘掉小我；修养达到神秘莫测境地的人，不再去建功立业；修养达到圣人境界的人，更连任何名位都不追求了。"可见，最强烈的个人主义是不需要别人认可的个人主义。

庄子经常利用孔子的故事来攻击或嘲笑他人对知识的依赖。在第十四章《天运》中，庄子斥责孔子过于痴迷于社会评价："夫鹄不日浴而白，乌不日黔而黑。黑白之朴，不足以为辩；名誉之观，不足以为广。"黑白的自然朴素，不容争论；名利的混乱，也不能使人变得伟大，这是很自然的。

最后，在第二十章《山木》中，孔子再一次被一位道家圣人教导如何延长和滋养生命："昔吾闻之大成之人曰：'自伐者无功，功成者堕，名成者亏。'孰能去功与名而还与众人！道流而不明居，德行而不名处；纯纯常常，乃比于狂；削迹捐势，不为功名。是故无责于人，人亦无责焉。至人不闻，子何喜哉？"

从前我听老子说过："自吹自擂的人不会成就功业；功业成就了而不知退隐的人必定会毁败，名声彰显而不知韬光养晦的必定会遭到损伤。"谁能够摈弃功名而还原至跟普通人一样！大道盛行而不夸耀，德行广施而不追求虚名；纯朴而又平常，竟跟愚狂的人一样；削除形迹，捐弃权势，不求取功名。因此不会去谴责他人，别人也不会苛责自己。道德修养极高的人不求闻名于世，你为什么偏偏喜好名声呢？

孔子听了这个忠告，立刻就像经文告诉我们的那样，抛弃了他的弟子，隐居到一个大沼泽里，和动物生活在一起，穿着兽皮衣，以橡子和栗子为食。

在结束这一节的时候，我想说的是，只是为了追求虚名，是道家所弃绝的。名声被认为是彻头彻尾的邪恶，正如第二十六章《外物》所说，它是"名溢乎暴"。名声在庄子看来是"外物"。外物，顾名思义即身外之物，是你所不能控制的事物。按照道家的说法，寻求名声这种外物是身心的拖累，因此是不明智的。那些真正聪明的人是无名的，真正的圣人仍然是无闻的。

后记

古希腊和中国古代思想家们无法想象，当时他们在自己的著作中略微谈及的名望，我们当今时代的人们对其会变得如此热衷。

毫无疑问，他们会对此感到震惊，对由此而产生的虚荣和虚伪感到震惊，对人们为追求名声而被卷入这个荒谬而无意义的巨大纺车轮下并由此而产生的巨大紧张、不安和痛苦而感到震惊。在本章的导言中，我指出大众媒体和数字技术的出现，极大地加剧了人们对名声和认知度的普遍追求。这无疑增加了名人生活的表面魅力和吸引力，增加了他们的整体知名度，同时也增创了新的、多样化的全球和地方网站，其他人在那里寻求自己的个人微名气。

但这不能完全归咎于技术。要得到更深远的解释，我们必须考虑其他文化和历史的因素。马克·罗兰兹在他那本关于名望的简短但富有洞察力和娱乐性的书中指出，当代我们对表面名望的渴望以及与之相关的品质感的丧失，是一种特殊的文化堕落。他将这种现象追溯到启蒙运动、个人主义和客观主义的兴起，最后（但并非最不重要的）追溯到它们退化的形式、相对主义和原教旨主义，他将其描述为一种他称之为"vfame"的名声变体（Rawlands，2008：20）。vfame与名声（fame）的区别在于前者，这个伪名声或者泛名声，"本质上不与个人品质相关"。"名声与个人价值无关"（Rawlands，2008：91）。事实上，"vfame"（泛名声）才是当今许多人所追求的那种名声或关注，一种不需要特殊的才能、资产、能力或智慧的名声或关注。在书的结尾，罗兰兹说：

> "vfame"（泛名声）的存在是一种文化的证据，这种文化所体现的个人主义已经失去了客观的平衡，因此不断地在一种肤浅的相对主义和一种令人不寒而栗的原教旨主义之间摇摆。在这种文化中，一个人向外界展现自己的每种方式都是合法和有价值的。因此你为什么出名（用什么方式出名）并不重要，重要的是你出名了。由于没有独立客观的价值观来衡量我们的生活，因此我们只有在同龄人简单而毫无根据的认可中才能找到验证，这就是Vfame，当代的泛名

声或伪名声。（Rawlands，2008：113）

最后要考虑的是：那些仅仅为出名而成名的名人可能比我们想象的要聪明吗？可以想象，他们假装无知"如婴儿之未孩"[①]。帕丽斯·希尔顿，出身豪门的千金大小姐和以名望和财富闻名全球的名人曾说过："我都没想到，我只是在走路而已。"这些看似神秘的话语，如果出现在特定的语境中，可能会引得许多道家学者撰写长篇而深刻的评论。他们是圣人吗？希尔顿自己似乎很自信："我很聪明。我有能力做所有交给我的事。我推出了一款香水，我有自己的连锁酒店。我是活生生的证明，金发女郎并不愚蠢。"这位匿名评论员接着说："作为她伟大智慧的最后证据，希尔顿提出了一些应对全球金融危机的建议。她说："你应该穿上快乐颜色的衣服。"（Co.nz，2008）庄子可能同意，也许名人有更多超出我们想象的东西。

参考文献：

1. Aristotle ,1984. The Complete Works of

---

① "孩"同"咳"，指婴儿的笑声。"就像婴儿还未学会欢笑"

Aristotle. Princeton: Princeton University Press, 2.

2. BISCHOFF K,2013. How I Increased my Klout Score by 6 Points in 2 Weeks with 7Tweets a Day. The *Huffington Post*. [2015-2-5].

http:∥www. huffingtonpost. com/kirsten-bischoff/i-increased-my-klout_b_2398400. html .

3. ZHANG W Z(张卫中), 1997. *Confucian Analects with annotations*(论语直解). Hangzhou: Zhejiang Wenyi Press（浙江文艺出版社）.

4. COOPER J M, 1997. "Foreword" to "Greater Hippias" ∥ COOPER J M. Plato:Complete Works. Indianapolis and Cambridge MA: Hackett.

5. DONOVAN L, 2011. Kim Kardashian has Words of Wisdom, Advice for Bristol Palin. *Daily Caller*. [2015-3-10]. http:∥dailycaller. com/2011/05/12/kim-kardashian-has-words-of-wisdom-advice-for-bristol-palin/

6. Guinness World Records. [2015-3-10]. http:∥www. guinnessworldrecords. com/.

7. HICKLIN A,2014. The Wit and Wisdom of Mariah Carey. The Guardian. [2015-3-10]. http:∥www.

theguardian. com/music/2014/apr/26/wit-wisdom-mariah-carey-savvy-diva-self-aware-pop-star.

8. Homer,1990. The Iliad. New York: Penguin Books.

9. Homer,2004. The Odyssey. Grandview: The Write Direction.

10. The Independent (2013), The Sly Wisdom of Action Hero Sylvester Stallone. (2013-1-31)[2015-2-2].

http://www. independent. co. uk/voices/iv-drip/the-sly-wisdom-of-action-hero- sylvester-stallone-8474646. html.

11. JASPERS K,1949. Vom Ursprung und Ziel der Geschichte. Munich: Artemis-Verlag.

12. KAHN C H,1979. The Art and Thought of Heraclitus: An Edition of the Fragments with Translation and Commentary. Cambridge: Cambridge University Press.

13. KOMAN T,2013. 11 Life Lessons from Paris Hilton. Cosmopolitan. (2013-10-2)[2015-2-5].

http://www. cosmopolitan. com/entertainment/celebs/news/a4859/paris-pearls-of-wisdom/.

14. CHEN Q H(陈庆惠),1998. *Laozi Zhuangzi zhijie*(老子庄子直解). Hangzhou: Zhejiang Wenyi Press（浙江文艺出版社）.

15. LI L(李零),2002. *Guodian Chu jian jiao du ji*(郭店楚简校读记). Beijing: Beijing Daxue Press(北京：北京大学出版社).

16. Plato,1997. Greater Hippias. in J. M. Cooper (ed.), Plato: Complete Works. Indianapolis and Cambridge, MA: Hackett, 898‑921.

17. RAIFORD T,2014. 20 Celebrities Who Are Famous for Being Famous. Celebrity Toob. [2015–10–11][2015–2–3]. http://celebritytoob. com/did–you–know/20–celebrities–famous–famous/.

18. ROWLAND M,2008. Fame. Stocksfield: Acumen.

19. Stuff. co. nz,2008. I'm not a dumb blonde. (2009–1–31)[2015–2–5]. http://www. stuff. co. nz/entertainment/759155/I–m–not–a–dumb–blonde .

20 SZAIF J,2011. Aristotle on friendship as the paradigmatic form of relationship// KING R A H, SCHILLING D. How Should One Live? Comparing

Ethics in Ancient China and Greco-Roman Antiquity. Berlin and Boston: De Gruyter.

21. TAYLOR C,1989. Sources of the Self: The Making of the Modern Identity. Cambridge. MA: Harvard University Press.

22. WATSON B,2013. The Complete Works of Zhuangzi, New York: Columbia University Press.

23. WEBER M,1972. Wirtschaft und Gesellschaft. Tübingen: J. C. B. Mohr (Paul Siebeck).

24. YANG X(扬雄)*Yangzi fayan*(扬子法言). [2015-2-3]. http://ctext. org/yangzi-fayan/juan-shi-san .

第六章　与亚里士多德和朱熹
一起寻求智慧

沈美华[①]

作为对"存在是什么"这一终极问题的探索，亚里士多德的"神"与朱熹的"理"之间发生了奇妙的碰撞。

哲学作为对智慧的热爱，被亚里士多德描述为对宇宙万物存在的终极本原和构成原因的追求，它也被称为"第一实体"（ousia）——一种先于其它物质的存在。同样地，南宋的新儒学家朱熹（1130—1200）也认为，当一个人知道了这个导致一切万物产生的"理"时，他就获得了智慧和知识。换句话说，亚里士多德和朱熹都认为，哲学，也就是对智慧的热爱，都是以探究本体论上的

---

① 沈美华（May Sim），美国圣十字学院哲学系教授，研究领域为古代哲学（柏拉图和亚里士多德）、亚洲哲学（儒家和道家）、伦理学、形而上学，著有《亚里士多德对形式和共性的理解》《亚里士多德和孔子重塑道德》。

存在的第一本源为终极意义的。这种对宇宙万物的终极本原的追问，就是亚里士多德所谓的"第一哲学"或形而上学。

在寻求智慧的过程中，由于朱熹和亚里士多德都从理论上阐述了本体论上存在第一原则与其导致的诸多原则之间的关系（即：本体论上的二元思想，一般与个别，理一分殊），因此本体论上的事物存在问题或者说智慧的客体认知问题对他们来说是首要问题。因为对亚里士多德和朱熹来说，智慧问题不仅是那个终极原则如何生成具体个别事物的问题，而且还是理解无数多个事物如何不可避免地具有那个终极原则的特征的问题。换句话说，所有事物的本质、功能或善，即所有事物从外在的形式到内在的本质，都指向一个终极问题：在本体论上，存在是什么？存在的这个单一问题是否可以有多种表述方式，比如"什么是存在/什么是实体？"以及"什么是有与无？"或者，存在的这些不同的表述方式表明了关于存在本身涉及到的更为繁杂的问题？要解决关于存在的"一如何产生多"的这些问题，一个方法是研究亚里士多德和朱熹如何回应这些问题，因为两者在形而上学的思想都肯定一切事物的第一原理（存在），并且进而又从理论上解释了这个终极抽象的原则（一）与多个具体存在（多）的关系。在事物生成的关系上，他们讨论了"实质"和"功能"二者的关系，认为那个不变的实质是每个具体事物形成的统一原因。

尽管他们在本体论上对事物存在问题上"抽象的一如何产生具体的多"的观点极其相似，但他们对此的叙述却有很大差异。例如，这个产生宇宙万事万物的第一原则是一切事物内在固有的还是超越在具体事物之上的抽象存在；再如，这个第一原则是不存在与存在的终极原则还是只是关于存在的终极原则；它是平静的还是活动的；它是物质的还是非物质的：仅举几个例子。以上仅罗列了一些二人在存在问题上表述不同的例子，在下文中，如果我很好地表明他们在存在问题上，对这个终极的"一"如何产生"多"的不同回答，就是在试图解决本体论上的这个核心问题："存在是什么？"那么，这个强有力的证据就表明，对他们来说，关于世界本原的存在的问题，谁是解答者，谁就是智慧的拥有者。不然我们该如何解释他们二人来自根本不同的哲学、历史、地理和语言背景，却都对这个相似问题有共同的关注呢？

让我先从朱熹开始。尽管朱熹强调"理"是万物创造的唯一本源（朱熹、吕祖谦，1967：10），但他将其分为"无极"和"太极"（朱熹主张理依气而生物，并从气展开了一分为二、动静不息的生物运动，这便是一气分做二气，动的是阳，静的是阴），前者是静止的，没有显现出来，后者是活动的并且显现出来。朱熹将这个产生万事万物的第一个原则（理）分为两个最终原则（无极和太极），以解释事物的变化和转变，因为他认为事物的变化不能从这个抽象的"一"中直接产生。然而，他并不认为有两个第一原则，因此"无为之终极，也是太极"（引用周敦颐），"无极而太极。非太极之外，复有无极也（这并不意味着终极之外还有一种无的终极）"（朱熹、吕祖谦，1967：5）。我将朱熹对这两个终极问题的分析与亚里士多德的存在和"神"（它作为存在的第一原则，总是活跃的和单一的，是所有事物的推动者）来进行比较，表明两位哲学家都关注同一个问题："存在是什么？"因为他们都把本体论上的宇宙万物的终极存在理解为非物质的和第一原因，他们各自都解释了那个非物质的抽象存在是如何导致具体事物的产生。这说明，本体论上的存在的问题是他们在追寻智慧的哲学上的根本问题。

此外，我将表明，在他们对事物生成上的本质、运行变化上的功能和社会伦理上的善的关注以及我们对此在知识上的了解，都可以追溯到作为第一原则的"存在"。正如亚里斯多德所言，"万物都来源于实体（本质）这个概念，他认为共相就是一类具体的个体所拥有的共同属性或本质。"（Aristotle，1933：1045）。而朱熹说："在天为命，在物为理，在人为性，主于身为心，其实一也（理是先于自然现象和社会现象的形而上者；理是事物的规律；理是伦理道德的基本准则）。"换句话说，所有事物存在的本质和形式问题都会引出一个问题："存在是什么？"这再次表明存在问题对他们来讲是哲学的核心问题，他们的回答最终将满足我们对智慧和真理的渴望。如果这两种观点都同意在存在问题上只有一个终极本源，那么尽管他们对"一"和"多"有不同的看法，但比较他们的观点，可以帮助我们理解为什么存在只有一个本源，而它的表现形式却是多方面的。

让我先从朱子天地万物的本体"天理"或"道"开始，说到"天理"，即"道"的形式，也就是"道"的本质。起于理，理是主宰，是一种规则。他把宇宙以及万物的不断运动，看成道体的本然作用，即看成天理的本然作用，他说："道的本质是包含万物的无所不包的整体"（朱熹，1991：1.2，59）。当朱熹"道体之本然"的"道"，就是悬空的天理，不是从客观的世界抽象出来的规律时，一切包含着道的道理是很清楚的——道是我们固有的原则（朱熹，1991：2.35，78）。

"道之流行，发现于天地之间，无所不在。在上，则鸢之飞而决于天者，此也。在下，则鱼之跃而出于渊者，此也。其在人，则日用之间，人伦之际，夫妇之所知所能，而圣人有所不知不能者，亦此也。"朱熹又说："道之体用，流行发现，充塞天地，亘古亘今，虽未尝有一毫之空阕，一息之间断。"（朱熹，1991：1.64，69）

朱熹更精辟地认为，万物之"道"是一个普遍而相同的原则，尽管其表现形式是多方面的（朱熹，1991：1.3，59）。他说，"理只是这一个，道理相同，其分别不同，君臣有君臣之理，父子有父子之理"（朱熹，1991：1.74，70）。换句话说，特定关系和事物的特定原则是不同的，例如，儿子与父亲的关系，和臣子与君主的关系是不同的，即使它们是由同样的道引起的，事物之所以如此，是因为事物不同的秩序原则。因此，朱熹曾说过，程颐的下面这句话太笼统了："天地以阳生万物，以阴成万物。生，仁也。成，义也。故圣人在上，以仁育万物，以义正万民。"

"仁是世界正确的原则，失去了正确原则，就没有了秩序，也就没有了和谐。"（朱熹、吕祖谦，1967：17，17）因此，朱熹说，"性者，万物之一源，非有我之得私也。惟大人为能尽其道，是故立必俱立，知必周知，爱必兼爱，成不独成。彼自蔽塞而不知顺吾理者，则亦未如之何矣。"人性是原始心灵的完美美德，因此其中有自然法则（天理）。如果没有自然法则，人的欲望就会泛滥。怎么会有任何秩序或和谐呢（朱熹、吕祖谦，1967：17.17）？朱熹的意思是，天理对人的思想和世界的秩序与和谐负有最终的责任。因此，正如信广来（Kwong-loi shun，加州大学伯克利分校文学与科学学院哲学教授和本科系主任。致力于儒家思想的哲学研究）在解释朱熹时指出的那样，"修身的任务是扩展一个人的心，直到一个人看到一切都与自己相连"（shun，2005：2）。

尽管在存在的本源问题上，亚里士多德的"形式"概念（eidos）与朱熹的"天理"概念在功能上是对等的，它们都是导致事物的成因。（Aristotle，1933：1032a，22-23），但与朱熹不同的是，亚里士多德的导致万物形成的那个形而上的抽象的"形式"并不是像朱熹的"天理"那样普遍和永恒存在的，同时，这个"形式"也不是像朱熹的"天理"一样，在每件事物中的体现都是一样的（Aristotle，1933：1033b，20-22）。亚里士多德的"形式"概念既不是包含一切不同事物表现形式的统一整体，也不是每一个特定具体事物所共有的相同本质。相反，亚里士多德的"形式"概念作为事物本质的原则是事物特有的。他说，"形式因"（Formal Cause，指理性）与"目的因"或"功能因"紧密相联（Aristotle，1935：1070a，22）。对亚里士多德来说，形式（eidos）是一种形状（morphê），在质料中或形式与质料的复合中体现了事物的本质。例如，没有形状的黏土是盘子的原材料，是质料因；工匠是直接将黏土材料作成盘子的人，是动力因；形状是关键，形状是规则，是形式或共相，所以形状是导致黏土最终变成盘子的形式因；而盘子的功能是给人用的，这就是目的因或功能因。

盘子的形状使黏土质料变成盘子，而碗的形状使它最后变成碗。在每一种情况下，盘子或碗的形式不仅仅是存在于其他事物中的同一种形式或性质的表现（因为它与质料结合，因此得以显现，而朱熹的天理观念认为，理体现在每个具体的事物中，每个具体的事物都分享了部分的理）。但是，和朱熹一样，亚里士多德认为形式是存在于每件事物中的秩序原则，并将事物组织成其本质。

对于亚里士多德来说，在某种程度上，这个盘子的形式和其他盘子的形式可以被概括为一种事物，这是所有盘子的一种普遍形式或定义，而这种形式对所有盘子来说都是共同的。正是这个在工匠心目中盘子的普遍构

169

想，才使得动力因，将每个盘子的形式与黏土的质料相结合，使每一个盘子成为一个盘子。亚里士多德说："本质（essence）除了是一个属（genus）的物种（species）之外，什么都不是，它只属于某个特定的属和种；因为在这些谓词里，谓词（所属的范畴是'属性'）既不是由于参与或影响而被认为与主词（所属的范畴是'实体'）相联系的，也不是由于偶然（非本质的存在）而被认为与主词（事物实体的存在）相联系的。"（Aristotle，1933：1030a，12-14）换句话说，只有物种才有一个谓词来表达此事物的本质，而不是偶然事件（Aristotle，1933：1030a，12-14）。从亚里士多德的形式因的角度来说，在盘子的生产过程中，工匠的头脑中盘子的形状，与他父辈脑中盘子的形状，或在世代中流传中盘子的形状，并不是与历代生产盘子的人或生产的盘子数量对等，而是历代对盘子的形式（本质）的认识是亚里士多德的公式或定义中的一种（Aristotle，1933：1033b，33）。他说，"动力因是促使事物存在的原因，而形式因则与它们的效果因并存（即形式因与质料因相结合，在人为的动力因的促使下，形成效果与功能）"（Aristotle，1935：1070a，21-22），因为用于生成特定事物的形式不与事物的形式在数量上对等（即亚里士多德认为事物是有种属的，不同的事物的种属不同，它的形式就千差万别，而朱熹的理一分殊认为，万物都分属和体现了统一的理，理化为具体的万事万物。亚里士多德认为产生万事万物的第一动因是包含多种多样种属的形式因，而朱熹认为产生万事万物的理是统一的一个）。可见，亚里士多德的形式因与朱熹的"理一分殊"①在事物生成的本质问题上的观点是有差异的。因此，亚里士多德在事物存在生成上的普遍形式因与朱熹的理气生成万物是不同的：它是对特定事物的形式或不同类别人的共同特征的一般性概括，用相应的定义来表达事物与人的种属，而不是像朱熹的"天理"中，太极或无极，是万事万物的起源，它虽然没有显现，它却包含一切事物生成的具体原则。

　　正如亚里士多德将某物的特定形式与普遍的物种形式进行对比一样，让我们来考察朱熹在道的普遍原则与事物的特定原则之间的对比。朱熹说："道者，日用事物当行之理，皆性之德而具于心，无物不有，无时不然，所以不可须臾离也。若其可离，则为外物而非道矣。"（朱熹，1991：1.53，67）道的普遍原则没有形式，因为它没有特定的秩序，也不是一条特定的道路，尽管它的普

---

　　①　"理一分殊"是宋明理学讲"一理"与"万物"关系的核心观念之一，朱熹"月印万川"来强调。

遍本质存在于每一个特定事物中，使每一事物成为它。朱熹告诉我们，特定的事物和关系的原则存在于这些具体的细节之前，它们来自同一个源头。他说："凡有形有象者，皆器也。其所以为是器之理者，则道也。"人体器官如眼睛、耳朵，或人们的父亲和儿子都是阴阳之气所形成的，是形而下的。但主宰人体器官的理或规范父亲与儿子关系的理则是形而上的理或道（"如目之明，耳之聪，父之慈，子之孝，乃为道耳"）。朱熹又说："在事物存在之前，理就已经存在了，如未有君臣，已有君臣之理；未有父子，已以先有父子之理。"这些都是一脉相承的，他们都有同一个来源。

总之，道是万物产生的普遍和终极原则，万物各自的特殊原则由此产生，在万物本源上体现万物一理的原则。

亚里士多德会同意朱熹的观点，即"万物统体一太极也；分而言之，一物各具一太极也。"这"理一分殊"法则具有确定性和局限性，它规定了一切事物的特定顺序，因为这与亚里士多德提出的宇宙万物是由特定的形式因形成的方式相类似。他甚至同意，在某种意义上，形成特定事物的形式因必须存在于具体事物之前。例如，碗的形状必须已经存在于工匠的头脑中，然后他才能做出一个陶碗。同样，孩子的身体形貌必须已经存在父母的心中，他们才能生下一个孩子。但他不同意朱熹的观点，即"理一分殊"，在事物的唯一本源导致具体某类事物的产生过程中，朱熹认为"理"是万物的本源，万物中分享了"理"，而亚里士多德认为万物的本源是形式因与质料因结合的结果，因此有不同的种属与类别，因此产生物的形式因（工匠的思想、父母对孩子的构想）不同因而不同意朱熹太极中的"理"与具体事物中的"理"是一样的，或在数量上相同的观点。相反，亚里斯多德认为，组成每个特定事物的特定形式因，对不同种属事物来说是独立的，各不相同的。用他的话说，"每类物种的成因是不同的，事物个体的差异才导致每类种属形式因的差异与不同：事物不同种属之间的质料因和形式因以及动力因不同，尽管它们的最初本源是相同的。"（Aristotle，1935：1071a，27–29）

亚里士多德也不同意朱熹关于"道"的普遍原则的描述，即"道"是没有任何形式或秩序的，尽管它是万物秩序的原因。我们将朱熹的"道"与亚里士多德的物种的普遍形式因相比较，或者更恰当地说，与亚里士多德的第一原因或原动力（"神"）相比较，会发现他们的叙述都是截然不同的。朱熹认为他的道、理不能有任何形式，它是包含一切事物的特定原则或内在包容的整体，但亚里士多德的物种形式是确定的和有限的。只有受到限制，宇宙的形式才能被定义为明确某事物的本质。考察朱熹的"道""太极""理"及亚里士多德的神的功能对等性，将揭示出二者在宇宙本体起源上更多的不同之处，而非相似之处。

正如朱熹的"道"一样，亚里士多德的"神"是万物本性、物质之源。他们的不同之处在于，道作为一种原因，甚至在万物存在之前就存在于其中，包含着具体的原则，而这并不是亚里士多德所认为的神产生万物的方式。相反，神作为导致其他一切事物的主要实体，作为一个不动的推动者，这是一个必然存在的现实。不像"道"通过化成"气"直接与万物相关，亚里士多德的神通过超越而间接与它的生成物相关。对于亚里士多德来说，形式因和质料因的结合导致具体事物的产生，我们需要某种质料因，形式因，和一种有效的动力因，将形式灌输到物质中，从而产生结果。此外，一定还有别的什么东西，它既不是事物的实体，也不是事物的形式，而是引起运动的东西，譬如有效的动力因。他说：

　　人类产生的要素有：（1）基本要素：火和土作为其存在环境的基本物质，及人类生存环境相应

的质料因；（2）某种额外的形式因，即他的父亲
（这是人类构造的特定种属，由父代一代代承袭下
来）；（3）除此之外，太阳和天体的运行对人类形
成、成长和运动的过程都负有责任，它既不是人类
生存的质料因，也不是人类形成直接的形式因，也
不是在其形式因上对其有所减损或补给，它们的存
在是人类生成的动力因。（Aristotle，1935：1071a，
14-18）

　　然而，由于这些天体本身都是移动的，亚里士多德
认为必须有一个不需要其他物体来推动但却是永远地推动
着其他物体运动的动者，这就是不动的推动者，或第一
动因。对亚里士多德来说，这个永恒且不动的动者推动
了宇宙中日月星辰等天体的季节性的永恒变化和运动，
后者又推动地球上动植物的生成化育和运动（Aristotle，
1935：1071a，37）。它是运动的源头（archên），一
个实体（ousia），一个永恒存在和不可毁灭的现实力量
（energeia）（Aristotle，1935：1071b，20-21），它推动
宇宙的持续运动。因此，亚里士多德坚持用一个不动的推
动者来解释宇宙的运动，他否认运动的被推动者是运动的
本源。原因是一个移动的动者，就像第一个天堂（prôtos

ouranos），它总是需要一个移动者来移动它（而那个不动的"第一推动者"就是指"神"）（Aristotle，1935：1072a，21-25）。

亚里士多德的"神"（宇宙万物的终极本源）除了是一个不动的推动者，在宇宙及其中一切事物中引起运动，因而在因果关系和时间上都是先验的，同时也是构成所有其他物质的基本物质，其它物质或多或少地继承了这一基本物质，这取决于他们接近"神"的程度。即使物质本身各有各的运动原因，但它们都不是运动的第一推动者，也不是运动的终极起因，因为它们依赖于那个最初的运动者。同样，由数量构成的物质是不可移动的，但它们不像神，因为它们不能分离或独立，因此不能成为主要物质。只有"神"满足了一种主要物质所要求的不可移动性和可分离性的条件。"神"是最持久和最稳定的实体，因为其是不可移动的，在宇宙万物的起源、时间和可分离性上是居于首位的。因此，"神"就是最可知的那个基本实体（Aristotle，1933：1028a，31-33）。描述"神"（物质基本存在）的特征是我们衡量所有事物物质构成的统一标准，通过它我们可以衡量所有事物的实在性。更可知、更稳定、更确定的事物更符合"神"的属性，因为它们比那些不能满足这些可知性、稳定性和确定性条件的事物分有了"神"的更多属性。有了这些不同的特点，在关于万物产生的终极本源问题上，"神"与太极的区别就在于，亚里士多德的"神"是超验的可确定的存在，但太极却是无限的、无形的，是不可确定的。亚里士多德把"神"理解为物质产生的前因，即，作为一种超然独立的、不可移动的物质，所有其他物质都被它定义，这也不同于朱熹的太极，因为后者既不与它所固有的一切事物相分离，也不是不可移动的。

更详细的是，亚里斯多德所说那个不动的推动者（"神"）是超越于万物之上的、不动的，它不同于朱熹的那个活动的太极。太极的运转依赖于"气"（这个精神和物质的共同能量），与"气"是分不开的。"无极（太极）只存在于阴阳二气之中，太极力也，动静气也；气行则理亦行，二者常相依而未尝相离也。"他对太极与阴阳二气在发生过程中的关系作了如下解释，他用人跨马的比喻来形容理对气的推动和主宰作用：

"太极犹人，动静犹马，马可以载人，人所以乘马。"阴阳之气的相互交感和作用产生水、火、木、金、土这五行，五行之间再以不同的形式和配比相结合，即所谓"二五之精，妙合而凝"，从而产生天地万物，以至变化无穷，"而皆不能离乎太极"。

　　亚里士多德会说，如果太极依赖于阴阳二气，是物质存在和产生的原因，那么朱熹的太极就不可能是宇宙万物产生的终极本源（因为终极本源应该是超越于万物之上的存在）。在亚里士多德看来，朱熹的理学体系更像是一种合成物，是抽象的理（太极）和具体的物质（气）的结合。

　　另一个不同之处在于，朱熹似乎依靠不同的物质来区分不同的事物，因为他谈到了万物一体，宇宙万物也都禀受同一个太极和天理。朱熹还说，没有阴阳之气，太极便无法运转，那种使天理发挥作用的"气"，即"心"。他说，"唯人也，得其秀而最灵。形既生矣，神发知矣，五性感动，而善恶分，万事出矣，此言众人具动静之理，而常失之于动也。"并且，朱熹认为人既禀受阴阳五行之气，所以有情绪与欲求，人也禀受了太极的精华，也就是天理。而人心就是禀受太极精华的部位。所以，人心能够分辨善恶，能够思维，能够用天理来压抑自己的过度的"人欲"（朱熹说："饮食者，天理也；要求美味，人欲也……饥便食，渴便饮，只得顺他。穷口腹之欲便不是。"即正常的生存需求是符合天理的，过度甚至是罪恶的人欲需要被限制和消灭，使人遵循天理的要求）。就像我在别处说的那样：

　　不同事物拥有"理"的本质之所以有限，是因为它的气的原因。气的清或浊、纯或混，或多或少地阻碍得到完全的理。尽管人、动物和事物都秉承同一天理所生，但事物和动物的气却阻碍它们接近"理"，并且它们永远无法穿透这种阻碍。朱熹认为动物得到和具有不同程度的"理"是大体一致的，狗和马的身体构造就是这样，因此也就决定了它是什么，只知道做什么事情。（Sim，2010：87）

　　与朱熹的"气使物个性化""气妨碍物认识其内在的天理"的观点相反，亚里士多德的观点是"形式因与质料因的结合使事物个性化"。对于亚里士多德来说，形式和质料构成了一个人，并且他是独一无二的。朱熹的"无极"也不是亚里士多德的"神"的功能等同物。这是因为即使无极是独立于物质的，它也是不活跃的，不是制定天理的行动者。相比之下，亚里士多德的"神"是积极的的全能全知的造物主，行使它的力量来创造宇宙万物。它也体现为理性，它总是积极地思考自己，如果不具有理性，它就不会是独立的和首要的本源了。

　　尽管朱熹的太极和亚里士多德视为事物本源的"神"有很大的不同，但他们都声称只有一个存在的本源，并试图解释为什么所有的事情都由这第一本源引起，在这一点上，两人是相似的。两人都同意，第一本源必须优先于一切（"理"或"神"），它是无形的，但它影响到许多物质的创造。这些一致表明，存在的问题可以用"存在是什么"来概括。这个问题反过来又与下列问题有关："是一个还是多个？""为什么有的事物存在，有的事物消失？"以及"事物的终极本源与与伦理的'善'关系如何？"对于这两位学者来说，存在不仅提出了这些问题，而且为他们提供了答案。这也是为什么回答关于"一"和"多"如何联系在一起的问题，归根结底，是关于存在的本质的问题，是将导致智慧和真理的问题。更具体地说，答案如下：因为存在是终极的，它必须是唯一；因为存在，就必须存在东西而不是没有；因为存在是善的和抽象的，它表现在许多物质的存在中，物质的存在之所以美好是因为它们分享了终极存在的善。

为了阐明理学与伦理学的关系，朱熹的"理"强调其在任何事物中都是"不变的善"。他认为，自然的原则就是理。究其根源，出自天理，就是好的（朱熹、吕祖谦，1967：1.38，28）。因为理是善，对万物负责，所以万物都受道德原则的支配。他断言，事物固有的东西是理。管理人类社会的理体现为道德准则（朱熹、吕祖谦，1967：1.15，16）。他又说，成千上万的人和所

有的事物中，没有一个是独立于这些道德原则之外的
（Chan，1963：617）。因为对朱熹来说，一切事物都存
在着同样的自然原则，任何事物，不管他是否是人，都被
赋予了道德原则。然而，只有人的心灵有能完全接近自然
法则的气，所以人的作用就是净化他的本性，以了解理并
按道德原则行事。具体而言，由于人具有仁、义、礼、智
的道德原则，所以他的表现就是同情、尊重、羞耻和顺
从，并通过区分是非来行动。总之，人应该以德行事，因
为人"性本善"。朱熹认为，正如天地不停地创造万物一
样，人的心，就是要用仁、义、理、智四德，"善德待
人，惠及万物"。

对于朱熹来说，人被赋予了这些特殊的道德原则，
就有了对宇宙中其他人和事物的道德行为的功能。人类行
为的规范性源于天理的规范性，这是理（太极）的第一原
则，它体现为善。

出于同样的原因，亚里士多德的不动的推动者"是
必然（*anankê*）的善（*kalôs*），因此是事物生成的第一原
则（*archê*）"（Aristotle，1935：1072b，11–12）。他继
续说："生命属于神。因为思想的现实性就是生命，神
就是这种现实性。而神的本质是生命最美好、最永恒的
存在。我们认为存在就是有生命的，是永远的，是至善

的。因此，生命和永恒的存在都属于神；因为这就是神
（Aristotle，1935：1072 b27–31）。"

　　亚里士多德的"神"，与朱子的"理"一样，是万
物善的准则，是生命中最永恒、最美好的，是一切善的
标准。亚里士多德的"神"终极的存在体现为万物的有
序性。当考虑到至善（"神"）是作为一个独立的个体
与宇宙相联系，还是作为部分有序的整体与宇宙相联系
时，亚里士多德认为两者皆然，尽管他更倾向于前者，即
"神"是独立的个体。亚里士多德将"神"与宇宙的关系
与将军与军队的关系相比较，认为正如将军指挥军队一
样，他指挥军队，但不依赖军队，"神"也要对宇宙的秩
序负责，同时又要独立于之上。正如朱熹赋予了人类一
种特殊的地位，因为人能够认识理（太极），并按照理
（太极）赋予的道德原则"善"行事，亚里士多德同样也
赋予人类以自己的本性来认识终极存在，并因其本性而实
现善的特权。只有人类才有灵魂（理性的特殊部分），是
不朽的和可分离的，因此当人思考永恒的真理时，他最
像"神"。虽然像鱼、鸟、植物这样的生命，"神"也
把它们当作目的，但它们却不像人那样把"神"当作目
的。亚里士多德以家庭秩序为例，说明人类和其他生物在
"神"面前的秩序的不同。他说，在一个家庭中，自由的

人"最不可能随意行事，他们的所有或大部分行为都是预先注定的，而奴隶和动物几乎没有共同的责任，大部分行为都是随意的；因为每个种属的本质都是已经预设好了的（Aristotle，1935：1075a，20–23）。"

简而言之，由于人的灵魂中有理性部分，而理性部分又分为思辨部分和沉思部分，人用思辨部分认识真理，用沉思部分行善行义。换句话说，人类的智慧与人性密不可分。只有了解后者才能通向智慧。

亚里士多德和朱熹关于人类的本质和作用的两个不同点在于：

（1）亚里士多德将灵魂的理论（思辨部分）与沉思部分分开，前者是针对不变对象的真理或谬误，后者是针对可变对象的善的行为。相反，朱熹并没有把理论和实践分开，因为他认为，对宇宙万物的研究将使我们能够了解宇宙万物的具体规律，并以恰当的行动来解决问题。由于一切事物都是从理继承的，所以对事物的具体原则的认识也可以导致对人的道德原则的认识。因此，对朱熹来说，理论和实践是连续的，而对亚里士多德则是分开的。

（2）对亚里士多德而言，实践智慧，仅限于道德行为。而对朱熹而言，四条道德原则（仁、易、理、智），不仅导致了人的道德行为，也导致了宇宙中一切事物的道德行为。因此，朱熹的道德观与亚里士多德的道德观在范围上是不同的。

综上所述，我已经表明，尽管亚里士多德和朱熹对第一原则的具体观点不同，但他们一致认为，这些第一原则先于其他一切原则，并且是其他一切原则产生的根源。每一个人都用各自的"第一原则"回答了"存在是什么"的问题，并解释了终极存在的这个"一"如何与宇宙中的"多"联系。最终，除了解释宇宙中所有事物存在的原因外，也解释了每一事物的真相和本质，以及它在社会伦理学中演变成的"善"的东西。

也就是说，对两位哲学家来说，回答存在的形而上学问题将提供智慧，因为一个人不仅对真理有智慧，而且在行动方面也拥有实践智慧。朱熹回答这些问题的方式是断言"理（太极）"存在于万物之中，而亚里士多德回答这些问题的方式则是假设一位超然不动的神。他们的答案导致了对第一原则的不同理解以及对人类行为的不同描述。然而，通过对他们的比较，我们可以清楚地看到，两者都对同一个问题进行过思考。这个问题就是——"存在是什么？"——它也是关于存在的其他问题的答案。因此，对于亚里士多德和朱熹来说，寻求存在或第一原则问题的答案也就是对智慧的渴望。

6789

参考文献:

1. ARISTOTLE, 1933. *Aristotle: Metaphysics, Books 1–9. Cambridge,* MA: Harvard University Press.

2. ARISTOTLE, 1935. *Aristotle: Metaphysics, Books 10 – 14. Cambridge,* MA: Harvard University Press.

3. CHAN W T, 1963. *A Source book in Chinese Philosophy.* Princeton: Princeton University Press.

4. DORTER K, 2009.*Metaphysics and Morality in Neo-Confucianism and Greece: ZhuXi, Plato, Aristotle, and Plotinus.* Dao: A Journal of Comparative Philosoph.

5. Mencius, 2009. *The Essential Mengzi.* Indianapolis: Hackett Publishing Co., Inc.

6. PATTt-SHA, IR G, 2004. Moral World, Ethical Terminology: the Moral Significance of Metaphysical Terms in Zhou Dunyi and Zhu Xi. *Journal of Chinese Philosophy* .

7. SHUN K L, 2005.Zhu Xi on公 (Impartial) and私 (Partial). *Dao: A Journal of Comparative Philosophy* .

8. SIM M, 2007. *Remastering Morals with Aristotle and Confucius.* Cambridge: Cambridge University Press.

9. SIM M, 2010. From Metaphysics to Environ-

mental Ethics: Aristotle or Zhu Xi?// EMGEL R, WESTRA L, BOSSELMANN K. *Democracy, Ecological Integrity and International Law,* Newcastle: Cambridge Scholars Publishing.

10. SIM M, 2015a. From Metaphysics to Ethics: East & West,. *Review of Metaphysics,* 63: 487 - 509.

11. SIM M, 2015b. Laozi and Zhu Xi on Knowledge and Virtue// TIWALD J. *Oxford Handbook of Chinese Philosophy.* Oxford: Oxford University Press.

12. ZHU Xi（朱熹）, LVZQ（吕祖谦）, 1967. *Reflections on Things at Hand: The Neo-Confucian Anthology*（近思录）. New York: Columbia University Press.

第七章 海德格尔与庄子论：作为实践的智慧[①]

史蒂文·布里克[②]

对于真正的智慧，海德格尔和庄子不约而同地强调，用实践去获取真知。

从根本上说，很多知识我都不想知道。——因为智慧甚至只被限定为知识。

——尼采

引言

对于知识和智慧的区别，人们普遍达成共识，一致认为智慧所包含的不仅仅是知识，而且还似乎包含一个

---

① 作者声明本章是由新加坡管理大学资助的一项研究的一部分。科研基金编号（14–C242–SMU–023），新加坡教育部学术研究一级基金。

② 史蒂文·布里克（Steven Burik），新加坡管理大学社会科学学院哲学助理教授。主要研究领域为西方哲学与道家哲学。

更实际的组成部分，因此通常智者被认为是那些不仅知道很多事情，而且更重要的是还知道如何生活的人。例如在《牛津哲学指南》中，智慧被定义为："一种将反思态度和现实关注结合起来的理解力（Honderich，2005：959）。"这表明光有知识是"不够的"。在这篇文章中，我将论证海德格尔和庄子均以相似的方式注意到了他们各自时代的哲学家由于过于重视人为知识，从而忽略了的真正智慧（智慧的实践部分）。

虽然海德格尔和庄子在时代、文化和哲学背景上有巨大的不同，但他们都聚焦于一种深刻的世俗化思维，因此他们更关注智慧及其实践部分，而不仅是抽象的知识。他们二人都寻求在具体和特定的环境下，实现他们的思维方式（从智慧这个术语的双重意义上讲，即：抽象知识和实践行为）。

海德格尔和庄子两人观点上的许多相似之处将在下文进行讨论。首先，海德格尔和庄子都对当时他们各自时代较为成熟的理论提出了明确的批评。虽然这些批评所处的环境和时代迥异，但却都是对什么是智慧或正确思维的指责，因为那些侧重于建立在人为区分基础上的知识体系，对于智慧来说是不够的。对于真正的智慧来讲，这种知识体系不仅不够完善，而且还是获取智慧的障碍。海德格尔对西方典型的以主客体区分为代表的表征与结论式的抽象知识的获取方式进行了批判，认为这是对"存在"遗忘的原因；而庄子则在许多层面上对人为性的知识区分进行了批判（局限了自己的眼界），认为这是失去"道"的原因。第二，两人都认为思维是经验性的，并与具体的人生经验紧密相关。在这个意义上，两人都声称，智慧就是对全部人生经验的完全了解，因此智慧不仅包括表面的知识，还包括怎样去实践和运用它。这些通过海德格尔对"存在"的解释和庄子的"庖丁解牛"中丁厨师解剖牛的例子得到证明。与他们各自对智慧（或那些正确思考的人）的倾向或态度相关联，由此生发出各自特定的概念，如海德格尔的泰然任之（内心的宁静、放松），庄子的自然（顺应自然）和无为（不要有过多的人为干预行为），这些概念都表达了哲学在世界的归属感。海德格尔和庄子向我们展示的思想对存在的认识，都是在特定语境下形成的，并敦促我们认识到自己与世界的长久关联性。最后，海德格尔和庄子都认为，当我们恰当的思考以后，实际上我们已意识到了这个世界的存在，而不仅仅只是反映它。这是另一种意义上的"实践"，我认为海德格尔和庄子都认为，人类在这种实践活动中发挥或者说可以发挥关键的作用，而不仅仅是一个被动的观察者。总之，这意味着二人都积极寻求智慧的实践，而不仅仅是作为知识的智慧。

知识与智慧

在谈到这个问题之前，让我首先澄清一下：无论是海德格尔还是庄子，似乎都对"知识""智慧"或汉语里与之相对应的文言文术语（如果有的话）不感兴趣。当然，海德格尔（我认为庄子也是如此）很少用这些词。尽管如此，但实际上智慧在他们的思维中的确找到了一席之地。

对于海德格尔和庄子来说，对知识和智慧的区分是通过对正确或错误的思想的区分来实现的。当我们用英语讨论这个问题时，我们应该意识到，许多译者将"知识"和"智慧"这两个词互换使用，在海德格尔的德语中是如此（例如，Wissen被译为"知道，知识，理解，明白，智慧"），在庄子的汉语那里亦是这样（译成"知"）。因此我不直接讨论智慧这个术语本身，而是间接地讨论它。就道家而言，知识或智慧有两种：一种是为大多数道家所憎恶和攻击的知识，另一种是为道家所尊崇的智慧。我把第一种错误的认识称为"知识"，把第二种正确的认识称为"智慧"。但我还要说明一下，以澄清自己并不想成为《庄子》第七章中所警示的"不要成为智慧的主人（Watson，2003：94-95）"。在这个意义上，在本文中，我的研究成果只是松散地建立在西方传统的"智慧"观念上（以海德格尔为代表），而非系统性的论述，并且我自由地穿梭在中国道教的"智者"们之间，无论他们是圣人、贤人还是各种生灵。我所聚焦的"智慧"，主要是根据海德格尔和庄子的观点，来谈人们应该如何智慧地思考和生活。

下一个需要澄清的是"realization"（理解；认知；实现）或"realize"（体会；认识；知道；明白；了解）这两个概念。"realization"这个词包含两个意思。第一个意思是当我们意识到某个事物存在的时候，我们就说我们认识到它了，这也就是说我们开始了解某事物了。这第一个意思与（简单明了的）知识密切相关，但这里我们还需通过对它第二个意思的理解，对这个词作进一步区分："realization"所代表的"理解，认知与实现"这些含义，暗示着一些比单纯的了解知识更多或更不同的东西。比如，我们知道现在正在下雨，但如果我们说我们体会到正在下雨，我们的判断就会稍微有点不同了。认知、实现（realization）似乎与我们体会到的事物而不是那个事物的知识（knowledge）有更紧密的联系。在接下来的内容中，知识和实现之间的区别有望更清晰。更重要的是，"realization"的第二个意思与真实、实施、应用或执行与生效有关。当一个人实现了自己的目标，目标就变成了现实，而不仅仅是未来的梦想。

基于这些区分，我认为，海德格尔和庄子都认为正确的思想（智慧）与"realization"的两种意思（即对事物的认识与实现）密切相连。首先，在某种意义上，仅仅知道事物是绝对不够的，甚至是正确地思考的障碍；其次，智慧的确是在现实生活中的应用，它积极地创造一个世界，而不仅仅是观察它。

道家

在中国古典哲学中，知识并不总是普遍受到推崇。虽然我们可以说，在儒家传统中，知识的学习是受到相当重视的，但那些有道家倾向的人却并不怎么喜爱知识。但即使是在儒家传统中，也有这样一种认识：知识能给你的是有限的。孔子本人在一定程度上描述求知是："知之者不如好之者，好之者不如乐之者。（《论语·雍也》）"在这里，求知被看作是一种最初的阶段，即仅有知识是不够的，它还没有经过实践应用或在求知过程中得到的乐趣（爱或享受）。就连崇尚学习的荀子（荀子写过《劝学篇》）也不认为知识总是好的，他提出："大巧在所不为，大智在所不虑（最大的技巧在于有些事情不去做，最大的智慧在于有些事情不去考虑）"（《天论》）。

　　总的来说，道家思想似乎反对知识：葛瑞汉（A.C.Graham）认为，作为中国古典思想中智慧定义的一部分，道家认为，智慧在于"对特定情况的反映，而不是通过命名将其强行分类"（Graham，1989：385）。通过给事物命名，我们把它们从眼前的情况中抽象出来。在这种情况下，知识（智）是不令人感到满意的，因为它通过命名与分类的方式被理解，因此知识就是人们人为地将整个事物分成不同的部分，在了解各部分知识的同时，也分散了我们对事物整体的注意力。因此《道德经》中说，"绝圣弃智"，即抛弃聪明（圣）并摆脱知识（智）。

　　在郭店楚简出土的《道德经》（将"绝圣弃智"写为"绝智弃辨"，"智"在此指的是"知识"），就像我们将在下面引文中看到的那样，它更符合庄子的思想。因为它在此有"切断知识，抛弃巧言"之意。《道德经》里还有反对知识累积的话，认为"为学日益，为道日损。损之又损，以至于无为"。可见，道家思想认为，人为的知识或信息收集与其说是一种帮助，不如说是一种障碍。这些不必要的信息使人感到混乱，同时分散人们对于真正重要事情的注意力。《道德经》的其他段落也同样传达了知识的无用性，甚至认为它是了解"真实"的障碍，对这些片面知识的否定散落在第五十六章和第八十一章各处，如："知者不博。博者不知。"还有第六十五章："古之善为道者，非以明民，将以愚之。民之难治，以其智多（因为老百姓知道多了，所以不好管理，因此知识也被认为不利于国家统治）。"

在《道德经》对抽象知识的批判中，它还通过倡导五行（道德仁义礼），提出了一种新的人生途径。在对《道德经》中广泛存在的五行的讨论中，阿姆斯和霍尔将《道德经》的"无知"归结为："无知……实际上意味着缺乏某种知识，也就是依赖于本体存在的那种知识，那种知识假设事物外表背后有某种不变的现实。而否定本体论存在为基础的知识（无知）涉及一种"泛宇宙"的思维（和谐）：这种思维并不预先假定一个单一秩序的世界（"一生多"），并以这种知识作为个人的知识装备。因为它是片面的知识，所以不去掌握它，这就是无知（Ames and Hall，2003：40）。（真正的智慧、大道很难用语言、文字来描述，任何用文字、语言所以为的"知"，反而是片面的、不准确的描述。所以圣人知晓这种腼性，只能用"无知"来描述这种认知状态，虽说是无知，却又无所不知）。

庄子

在《道德经》中，那些在现实事物基础上形成的固定死板的知识是不受欢迎的。同时，当我们来看《庄子》时，它与老子的《道德经》里面所提及的思想主张并没有什么不同，庄子似乎更坚定地要摆脱知识。他的这一态度在《庄子》中不同段落反复出现，在这里，知识总是受到质疑，尤其是抽象的知识或分类的知识。

让我们看《庄子》中的几个例子：在《逍遥游》中，庄子已经说过"小知不及大知"；在《秋水》中，他则说："计人之所知，不若其所不知；其生之时，不若未生之时；以其至小，求穷其至大之域，是故迷乱而不能自得也（算算人所懂得的知识，远远不如他所不知道的东西多，他生存的时间，也远不如他不在人世的时长；用极为有限的智慧去探究无穷境的境域，所以内心迷乱而必须不能有所得）。"；在《人间世》中，他表示一个人必须"将知识从心灵中驱逐"（Graham，2001：69），才能达到道家理想的境界。葛瑞汉对这篇文章的评论再次表明，知识是一种障碍，不利于道家圣人自发性格的生成。换句话说，正如《齐物论》所言：大智慧轻松豁达，小聪明斤斤计较（"大知闲闲，小知间间"）。庄子进一步提到，对于圣人来说，"知识是一种诅咒"，这是圣人不需要的东西，因为他的行为的自发性质不需要任何计划或教条的规定。根据庄子的说法，智慧或者作为道家圣人的生活，肯定需要放弃常识或正常的知识观念，因为无知是深刻的，知晓是肤浅的（"不知深矣，知之浅矣"）。事实上，庄子确实说过"绝圣弃知（《在宥》）"。

综上所述，我们可以将道家对知识的质疑从总体上进行一下小结：（1）因为这种知识是基于类似于柏拉图的理念说或以某种概念形式形成的一些形而上学原理，这种知识只会妨碍对"道"（自然界内在规律）的理解；（2）这种知识，是在事物之间进行人为的区分，但是，道家对知识的理解则更多倾向于事物的连续性，而不是将其分割成不同的部分。

但仅此而已吗？幸好不是。所有这些对人为划分性知识的抨击都是迈出"超越知识的一步"（Graham，2001：90）的先决条件。道家认为智慧意味着超越知识。不同之处主要在于智者、圣贤并不分割知识，而是把注意力集中在全局上。这意味着智慧是一种下意识，它与现实相关联。事实上，对庄子来说，这种智慧在于认识到我们与世界之间存在着某种深刻的相互依存关系。让我们回到庄子生活的时代，来体验一下当时古代中国人对自然的认识达到的水平：

> 他们最初对自然的认识达到了什么境界？在中国古代神话中，对自然的起源，当时的一些人认为天地混沌，即天与地还没有全部分开的时候，道是最伟大的、最包容万物的、没有什么好补充的。再后来，人们对自然的认识是道生化出盘古，再后来盘古开天辟地，天地万物初开，但人们还未开始对"这是什么""这不是什么"进行认识。对自然规律的认识就是从事物的"这是什么，这不是什么"的差异中开始的。（Graham，2001：54）

当人们还完全没有区分自己和其他事物的时候，也就是说，对他们来说"事物"还没有开始作为"事物"存在时，人们完全沉浸在周围的环境中，与周围的环境相互依存，在那个时候，"道"（大自然内在的运行规律）得到了关注。而后来的"知识"所做的是将我们从这种相互依存中分离出来，假设我们可以通过抽象化和区分，或者用更西方的形而上学术语，通过对"事物"的概括、区分和归类，将自己与世界隔离开来。对庄子来说，这种方法是非常不尽如人意的：

> 因为"区分"将会留下一些不能分割的东西；"非此即彼"的选择就会留下一些模棱两可的东西。"这是什么？"你会问。而这些才是真知，哲人们把它珍藏于胸，而普通人则将那些分割后的片面知识向彼此展示。因此"对事物的人为的割裂和取舍"的结果就是掩盖全知。（Graham，2001：57）

这是因为"最大的区分是不言而喻的"（Graham，2001：57）。

在《庄子·秋子》篇中公孙龙的感叹很有启发性，作为人为知识和人力区分的代表，公孙龙不得不承认：

> 吾自以为至达已。今吾闻庄子之言，汒焉异之。不知论之不及与？知之弗若与？今吾无所开吾喙，敢问其方。

我自以为是最为通达的了。如今我听了庄子的言谈，感到十分茫然。不知是我的论辩比不上他呢，还是我的知识不如他呢？现在我已经没有办法再开口了，冒昧地向你请教其中的道理。

海德格尔

那么我们普通人看不到的是什么呢？让我抓住这个问题不放，首先把我的注意力转向海德格尔，看看我们是否能更清楚地区分智慧和"纯粹"的知识。海德格尔的思想与道家的思想相似。然而，在海德格尔的作品中，肤浅的知识和智慧的二分法是在另一个不同的领域讨论的：一方面是"Wissenschaft"（科学）和"Vorstellen"（表象、置象、想象）之间的区别，另一方面是"Denken"（思考）和"Besinnung"（沉思）之间的区别。但在这两个不同的领域，海德格尔的观点听起来与道家非常相似。例如，"我们现代人只有在抛弃，忘记（已学事物，尤指坏习惯或错旧信息）的同时才能学习。它适用于我们面前的问题：只有彻底地抛弃和忘却传统的思维方式，我们才能学会思考（Heidegger，1993：374）。"海德格尔进一步指出，"科学本身不会思考，也不能思考（Heidegger，1993：373）"，同时他还指出了主体-客体对立方法和理性思考的局限性。

在《科学与沉思》中，海德格尔还讨论了"Wissenschaft"（科学）和"Besinnung"（正念、知觉、意识、反思、沉思）之间的区别，他认为，科学思维不是"客观"和"中立"，而是将其范畴强加于世界，它依据客观与理性，用科学思维建立了世界。海德格尔在《关于人道主义的书信》中指出，自从"思想被定性为理论，知识被定性为'理论'行为……'哲学'在'科学'面前，始终处于必须证明其存在的困境之中。它（哲学）相信，通过把自己提升到科学的地位，就可以摆脱困境。但这样的努力是对思维本质的抛弃（Heidegger，1993：218-219）。"

通过这些例子，我们可以看出海德格尔对科学知识（Wissenschaft）与"真实的"认识或思考（Denken）做了明确的区分。这与庄子对"人为的知识"与"真正的知识"的区分是相似的。例如，在海德格尔具有冥想性的作品之一《哲学论稿》中，他的见解听起来很像庄子："我们总是漂浮于任何是与不是之上。当然，我们从来都不是知晓者，但是在知晓和意识之间的认知中，我们是那些知晓者……我们不追求知识的目标，而只遵循获取知识的途径（Heidegger，2006：5-6）。"在《哲学论稿》中，好的认知（"wissen"，对事实的知道、知识、理解、明白，不要混淆为"Wissenschaft"科学，学问）被翻译成"知觉"，例如："哲学属于超越事物表象的感知和沉思所带来的宁静（Heidegger，2006：42）”。
这种“Wissen”和“Weisheit”（智慧）是相关的，它
代表了一种智慧而不是传统知识。它们必须与一种直接
性有关，即以一种重要的方式将“知者”与情况联系起
来。当然，对于海德格尔来说，这种“智慧”必须与存在
有关，他的希望寄托在重新找回或发现存在的意义，以
及相应的生活方式。这种生活方式是用“Gelassenheit”
（“泰然任之”）和“Ereignis”（“本有”）来描述
的，我将在本章后面集中讨论这些术语。目前，海德格尔
一直坚持着“知与智”，这就是海德格尔所想的：“当
‘知道’是为了保存真理的时候……辨别出未来的智慧的
人类（与迄今为止理性的动物相比），并提升他们自己成
为真理的保护者，因此最高的认知是，它足够强大，足以
成为一种放弃片面，回到事物最初的起源（Heidegger，
1999：43）。”与庄子的观点一样，他认为获得智慧的第
一步是退后一步，首先是放弃（旧有的抽象的、片面的观
念）。但是，根据海德格尔的说法，这样的放弃并不是消
极的，而是再次从“泰然任之”的角度来思考。

超越知识

因此海德格尔和庄子都在谈论“传统”和“真实”

的知识的区别，我在这里非常宽泛地使用了"真实"这个词。从这个意义上讲，智慧被理解为一种超越所有知识、所有传统世界观、甚至超越"世界观"本身的思维方式，但前提是，要后退一步。

因此，智慧并不意味着"真实的"和"表面的"知识之间相当容易区分。海德格尔和庄子的这两段话，很容易让人联想到，圣人的智慧在于正确区分"好"的智慧和"坏"的知识。但是庄子和海德格尔并不仅仅是在恰当和不恰当的认知或思维之间做出区分。区分"小知识"和"大知识"本身，仍然是一种二分法思想，让人联想到海德格尔和庄子都厌恶的二元论方法，尽管方式不同，但他们对这个思维方法对认知危害的认识都很清楚。例如，庄子在《秋水》一章中指出，"是故大知观于远近，故小而不寡，大而不多：知量无穷。""真正的"智慧是放弃人为的区分和抽象，并（重新）转向自己所处的环境和扩大自己的视野。庄子蔑视那些认为自己可以区分事物的人，但最终也蔑视那些认为"大知识"本质上比"小知识"更好的人（因为真正的智慧是不可穷尽与限制的）。

到目前为止，海德格尔和庄子所采取的步骤只反映了获得智慧这个思维过程的初始阶段。在海德格尔的例子中，我们可以肯定地说，计算和表征思维不能比得上思考或沉思（冥想思维），但这并不意味着这种理性思维没有存在空间。海德格尔在许多场合都说，表征性思维或计算性思维不仅有其自身的价值，而且是海德格尔真理的一部分，它也是对自然一种发现或揭示的方式："技术是一种揭示方式。技术出现（在西方）的领域，在这个领域中，揭露和不可知在那里发生，真理在那里发生（Heidegger，1977：13）。"换句话说，"有两种思维，计算思维和冥想思维，每种思维都有其自身的合理性和必要性（Heidegger，1966：46）。"

因此，在海德格尔看来，我们应该避免把传统常用的计算思维看成是坏的。它的真理有它特定位置和时间的针对性。但真正的问题是，当这样一种受限的思维方式声称真理的排他性权利损害了其他思维方式时，代表性的和可计算的思维凌驾于"智慧"之上。

庄子的理论中也有类似的情况。《逍遥游》阐述了小知识与大知识的区别，认识到有必要克服思维方式的局限性。鹏鸟和鲲鱼比它们的同类小动物有更多的能力。然而，鹏和鲲也在一些基本的方面受到了限制，列子在水上的飘摇而行也是如此。它们巨大的形体阻止了它们做小动物所能做的事情。在《秋水》一章中，任何大与小严重对

立的观点都是站不住脚的:

> "由此观之，争让之礼，尧、桀之行，贵贱
> 有时，未可以为常也。梁丽可以冲城，而不可以窒
> 穴，言殊器也。骐骥、骅骝一日而驰千里，捕鼠不
> 如狸狌，言殊技也。鸱鸺夜撮蚤，察豪末，昼出瞋
> 目而不见丘山，言殊性也。故曰，盖师是而无非、
> 师治而无乱乎？是未明天地之理、万物之情者也。
> 是犹师天而无地，师阴而无阳，其不可行明矣。然
> 且语而不舍，非愚则诬也！帝王殊禅，三代殊继。
> 差其时逆其俗者，谓之篡夫；当其时顺其俗者，谓
> 之义之徒。默默乎河伯！女恶知贵贱之门、小大之
> 家！"

由此看来，争斗与禅让的礼制，唐尧与夏桀的做
法，被认可还是鄙夷都会因时而异，不可以把它们看作是
不变的规律。栋梁之材可以用来冲击敌城，却不可以用来
堵塞洞穴，说的是器物的用处不一样。骏马良驹一天奔驰
上千里，捕捉老鼠却不如野猫与黄鼠狼，说的是技能不一
样。猫头鹰夜里能抓取小小的跳蚤，细察秋毫之末，可
是大白天睁大眼睛也看不见高大的山丘，说的是禀性不

一样。所以说："怎么只看重对的一面而忽略不对的一面、看重治而忽略乱呢？这是因为不明了自然存在的道理和万物自身的实情。这就像是重视天而轻视地、重视阴而轻视阳，那不可行是十分明白的了。然而还是要谈论不休，不是愚昧便是欺骗！远古帝王的禅让各不相同，夏、商、周三代的继承也各不一样。不合时代、背逆世俗的人，称他叫篡逆之徒；合于时代、顺应世俗的人，称他叫高义之士。沉默下来吧，河神！你怎么会懂得万物间贵贱的门庭和大小的流别！"

虽然这种偏好往往严重偏向二分法的一方，并明确地倾向于"大局"，但我们必须理解庄子是在警告我们，用这种方式思考并不是整个故事的全部。"更大的图景"其实是另一幅有限图景。

另一个重要的例子，是第六篇《大宗师》的开头："知天之所为，知人之所为者，至矣！知天之所为者，天而生也；知人之所为者，以其知之所知以养其知之所不知，终其天年而不中道夭者，是知之盛也。虽然，有患：夫知有所待而后当，其所待者特未定也。庸讵知吾所谓天之非人乎？所谓人之非天乎？且有真人而后有真知。"庄子似乎同意真正的知识与肤浅知识二者的区别，他认为，真正的知识来自于天（大自然客观的运行规律），肤浅的知识来自于人类自身（人为的主观认知）。但他立即让这种区分方法变得复杂起来。（文中的表述为："虽然，有患：夫知有所待而后当，其所待者特未定也。"）他似乎对什么是天道（自然规律），什么是人道（人为认识）之间真正的区分产生困惑（"庸讵知吾所谓天之非人乎？所谓人之非天乎？"怎么知道我所说的本于自然的东西不是出于人为呢，怎么知道我所说的人为的东西又不是出于自然呢？），但是，通过使天道与人道之间的区别复杂化，庄子成功地论证了真正的知识或智慧在于完全忘记这种区别，并应该"超越知识"。因此，在真知问题上，庄子首先区别了知天与知人，但最终使我们相信在知天与知人（自然规律与人为认知）上，二者都不优于彼此，只有超越了这方面知识的真人才是真正超越知识的胜利者。"且有真人而后有真知（况且有了"真人"方才有真知。）（Graham 2001：85）"在这一节，我必须说明什么叫做"真人"和他的真知。接下来的章节将集中讨论人与世界的两个相互关联的思想：智慧属于世界，或与世界同在，以及智慧与世界相融合。

智慧的归属

海德格尔和庄子都认为，"知识"的抽象将我们从世界中分离出来，而正确的思维或智慧将我们带回世界。因此，智慧应该被理解为抽象的对立面，应该与世界产生共鸣。从这个意义上说，我们应该明白，智慧永远不可能是主体对客体的占有，因为正是这种思维否定了我们对世界的归属，并试图将我们从世界中抽象或孤立出来。相反，海德格尔和庄子关注的是一种介于人与世界之间的思维和存在方式，这种思维和存在方式将我们与世界联系起来，并使我们进一步认识到，我们从一开始就从未与世界分离。

智慧属于世界：海德格尔

这一次让我们从海德格尔开始。海德格尔已经在《存在与时间》中使用了很多术语来表明他的思想，即：他认为人类与世界是联系在一起的。例如，"Dasein"（此在，作为事物的存在）这个术语，是相对于人类作为认识主体这个错误的认知前提（而不是将物的自我存在作为主体）而特别设计出的概念，"此在"是基于世界存在的整体而定义的，是不以人为主体的全部客观的存在。相反，"此在"，如果被翻译成"在场"，就变成了"在那里的存在"，因此就会被理解为"那种属于特定地域的存在，这种孤立的存在，属于被主体意识清理后

的存在范围"（也就是说，世界的存在是无边的，但人只
认识到了其中局部的存在。对于没意识到的那部分，对于
其人来讲，就是不存在，但世界的普遍存在是客观的，
是不以个人主观意识所决定的）（Heidegger，2006：
286）。以主观认识为前提的主体认识是描述性的，因为
主体与世界保持距离，而"此在"的智慧在于对世界和存
在的归属意识。此外，"此在"还有"Mitsein"（共同存
在；同在；共在）和"Beisein"（在场）以及与事物联在
一起这几个含义。此外，"此在"总是已经被扔进一个世
界（Geworfen：投掷的；扔；抛出），发现自己总是以某
种方式与环境调谐而产生一种境遇感①。所以"此在"不
能被理解为这个世界之外的某个实体。事实上，海德格尔
在《存在与时间》中的整个现象学方法表明，人类并不与
世界不同，而是总是发现自己在世界中，与形而上学方法
相反，我们不应该挣扎着逃离这个世界，而应该承认和庆
幸我们在其中的归属。

然而，在《存在与时间》中，海德格尔仍然以"此

---

① "Befindlichkeit"（现身情态，即"怎样找到自我"）和
"Stimmung"（情绪，观点）。海德格尔依据"现象学的不可消除的
方法原理，即相关性原则"论证道，"Stimmung"情绪或现身情态
（Befindlichkeit）作为此在在"此"的源始的方式之一，所揭示的是此在与
所处的世界之间的生存关联，亦即我们"处在何种整体情境中"的事情。

在"来思考这一切。海德格尔在他的后期作品中逐渐意识到"此在"和"存在"的相互依存性，于是他试图从"存在"而不是从"此在"来思考。但他仍然认为表征思维是抽象的和分散注意力的，但是现在他也在寻找这样的智慧，这种智慧是对"此在"了然于胸后的泰然任之（Gelassenheiten）以及人作为"天、地、神、人""四重整体"（Geviert，四方）之一的归属，存在于与世界的一致与协调中（entsprechen）或在世界的归属中（Gehören），以及在本有（Ereignis）中。（即从人的要忍受的生存形式，到知晓人的"生存的天命"的澄明存在的形式中。）

海德格尔在这方面使用的另一个关键术语是"Inständigkeit（迫切性），或"in-abiding"（"容忍，停留、坚持"），有时也被翻译为"置身其中；寄居"。现实中的人暂时处于一地、或者暂居或者长居于这个世界上，而不是以任何方式存在于这个世界之外。用海德格尔的话说："'智慧'是本质上的认知意识（Wesentlices Wissen）；是对存在的真实情况的一种质疑（Heidegger，2006：52）。"此外，在《艺术作品本源》一书中，海德格尔也这样说："这种'居于特定环境之内'的保持状态（Beuahrung）是一种认知。然而，知识并不仅仅包含关于某件事的信息和概念。真正了解生命的人知道自己在环境中间会做什么（Heidegger，1993：192）。""坚持"（in-abiding）是知道自己在特定的环境下该做什么，是对一个人发现自己被抛于一地的生存状态（Geworfenheit）的回应。海德格尔将之与"绽放之生存"（Ek Sistenz）的概念联系在一起："在存在中，人不是从一个内在到另一个外在，生存（existenz）的本质是站在存在之清净的必要的散逸之中（Heidegger，1993：192）"。海德格尔的意思是，正确的存在意味着了解存在于一个世界中的本质特征，而不是拥有一个世界。通俗地说，这是一种专有技术，而不是知道或知道为什么。这样的认识，更确切地说，是智慧发现自己在对环境的解脱和坚持中。

"释放"（releasement）①或者说是"泰然任之"（Gelessenheit），指出了一种不同的思维方式，它们从表征性的、计算性的思维中被移除："也许有一种思维……比科学技术更清醒的思维，因为是更清醒的思维，因此被移除，虽然没有效果，但它有自己的必要性

_____

① 海德格尔的"泰然任之"（Gelessenheit）是从艾克哈特大师（Eckhart）那里借来的。海德格尔意义上的释放指一种思，这种思由思之全体建构，不受主体建构阻碍并在自由中展开，一种恰恰为进入它们阻隔的领域而解构主体作品的思。

（Heidegger，1993：449）。"放松是保持一种开放的态度，以改变世界的本质和我们在其中的存在。它的目的是创造一个空间，让事物"成为"它们本来的样子；这是一种顺其自然的态度。用海德格尔的话说：

> "释放"绝不是渐渐地任由事物滑动和漂移……也许一个更高的行为隐藏在事物的放松态度中，（因此对事物的松弛的本真状态进行观察，可以发现那个更高的真实），而不是在世界上人的所有主观行动和人类的为一定目的的特定筹划中……而那个更高级的行为还没有实施。（Heidegger，1966：61）

在《泰然任之》中，Instandigheit（置身其中；寄居）和Gelassenheit（释放；泰然任之）通过以下方式联系在一起："'真理'乃是存在者之解蔽，通过这种解蔽，一种敞开状态才成为其本质。真理的本质揭示自身为自由。自由乃是释放的解蔽着的让存在者存在（Heidegger，1966：82）。"就是说，通过"释放"而活在世界上才是真正的思考。海德格尔在这方面使用的其他术语是"停留"（Weilen）和"逗留"（rerweilen），这两个词大体上都是指与世界上的事物的"容忍、保持"状态。

海德格尔思想的另一个重要方面，就是他总是把"思"理解为经验，与本有（Ereignis）相联系。对于海德格尔来说，经验不是一个主体的内在"体验"（erlebais），而是指"本有"的整个情境或事件。"Ereignis"（孙周兴教授译为"本有"）指的是这样一些事情，在这些事情中，有一些存在者被牵连进来，在这种牵连中，它们各自成就自己，同时也让他者成就他者自己。海德格尔谈论诗思比邻时说过："把诗与思带到近处的那个切近本身就是Ereignis，由之而来，诗与思被指引而入它们的本质之本己中。"①类似的，"天、地、神、人""四重整体"（Geviert，四方），是为了把凡人、神、天和地以他们最初的形态结合在一起。

在《通往语言之路》一书中，海德格尔说过："经验意味着*eundo assequi*，即在行进中、在途中通达某个东西，通过一条道路上的行进去获得某个东西…诗人进入词与物的关系之中（Heidegger，1971a：66）。适当的思考

_____

① 编者注："Ereignis"的概念极难理解，此部分的解释参考了《海德格尔：翻译、解释与理解》（王庆节、张任之编，生活·读书·新知三联书店，2017年版）。

是恰当的，我们必须从"本有"（Ereignis）的角度来思考。思想家不会获得知识，然后将其应用于这个世界，但思维直接体验其生成的世界，它认为自己被世界占有并在世界上恰到好处，因为如前所述，这两者的分离（思维和世界）是人为的。

海德格尔在《演讲与论文集》中讨论巴门尼德斯所说的"思考与存在是相同的"时，也持同样的观点。值得注意的是，对于海德格尔来说，"相同"并不是指同样的事物，而是指事物之间共同的归属形式：

同样的东西永远不会以毫无差别的平等的样子同时出现，甚至在纯粹相同的事物中也是如此。在人的认知概念中，同等或相同的事物总是朝着没有差别的方向发展，所以一切事物都可能被简化成一个公分母。相反，实际世界中存在的物体表现的"相同"，是不同事物集合在一起，通过差异的方式聚集在一起。如果我们认为不同，我们只能说"同样"。正是在执行和解决分歧的过程中，同质的聚集性质才会显现出来（Heidegger，1971b：216）。

因此，正确的思想或智慧，在于承认作为"此在"的人，是在其存在中唯一能够领会自己存在的存在者，此在的基本状态是"存在于世界之中"。不是为了和这个世界同一，而是为了看到我们的"相同"，或者是与世界的连续性。（在世界之中并不意味着此在与世界的空间关系，而是指此在与世界处于一种不可分割的浑然一体之中。）

智慧属于世界：庄子

庄子同样蔑视知识，而更喜欢把自己视为"一体"并与世界相连而得的智慧。同样，"知"与世界最初的分离是不存在的，只有当人类人为地将自己与世界隔离时，才会产生"知"。抽象知识从字面上把人和世界分开，把主体和客体分开，把心灵和物质分开等等。因此，海德格尔和庄子都在寻求打破人与世界的分离，并通过指向他们更深层次的团结，试图重新思考这个问题，将原本被错误分开的东西重新整合在一起。但是，这样的统一并不是以颠倒等级的形式发生的，而是指出分离只是在习惯知识范围内的思想的分离，在海德格尔的理论中是占主导地位的形而上学的思想方式，在庄子的理论中则是占主导地位的儒家和墨家的辨别或判定的方法。

因此，《庄子》的思维经验是与世界其他地方的连续性之一。但这种经历总是来自一个特定的地方。因此，智慧就是在充分意识到在某一情境的特殊性的情况下，将自我融入其中。《庄子》第二十三章中有一段话，从字面上很好地描述了智慧与世界的紧密联系："'知'是与某物的接触，'知'是对某物的表征（Graham，2001：190）。"葛瑞汉解释说，"'知道'（这是一件好事）是在事物来来去去的过程中与它们保持联系，'知识'（这是一件坏事）是保存它们的固定表征（Graham，2001：190）。"

这就是为什么庄子可以说"我在濠水的桥上就知道了"（"我知之濠上也。"）。这种认识经验是无止境的，因此不是"正常"的认识。正如艾姆斯和霍尔所言："最终，无知是对每一个道德关系的把握，从而能够理解这个特定的'德'以及它所建构的领域（Ames and Hall，2003：41）。"在中国思想中，知与行是密切相关的，无知、无为也是如此。"自然"和"无为"这两个道家术语是想表达我们是世界的一部分，而不应该把我们的"知识"强加给它。我们对世界的反应意味着对事物本质的开放态度，这意味着我们对世界负有一种敬畏，我们在海德格尔的"泰然任之"（Gelassenheit）中也看到了这一点。无为不是一个人什么都不做，而是一种不想强加或干涉事物自身的行为。用艾姆斯和霍尔的话说，无为涉及一个人在特定的领域内，没有对事物施加影响，没有妨碍事物，这就是"德"（Ames and Hall，2003：39）。

　　所有这一切的要点似乎是，智慧作为实现，与认识和参与世界变化的进程有关，而不人为地试图用僵化的"知识"来阻止这种过程，或者通过人为地区分"刻板"的"辨"以及相信"作为"来阻止这种过程。葛瑞汉还认为，"断章取义"所造成的对知识的片面化，实际上不利于人在某种情况下对情况的理解和行动，相反，圣人必须被全部的情况所吸引（Graham，2001：12）。这种专注需要一种不同的认知，而圣人的智慧恰恰在于他们能够以"客观的平静（Graham，2001：14）"来回应一种情况，因此这种专注并不会使他们变得虚无。庄子在这个世界上思考着一种特殊的存在方式。这个思想不是要逃避这个世界，也不是要完全迷失自己，而是要让自己沉浸其中，去反思这个世界不断变化的本质，这就是智慧。《应帝王》一章谈到了道教圣人："无为名尸，无为谋府；无为事任，无为知主。体尽无穷，而游无朕；尽其所受乎天，而无见得，亦虚而已。至人之用心若镜，不将不迎，应而不藏，故能胜物而不伤。"

　　不要成为名誉的寄托，不要成为谋略的场所；不要成为世事的负担，不要成为智慧的主宰。潜心地体验真源而且永不休止，自由自在地游乐而不留下踪迹；任其所能秉承自然，从不表露也从不自得，也就心境清虚淡泊而无所求了。修养高尚的"至人"心思就像一面镜子，对于外物是来者即照去者不留，应合事物本身从不有所隐藏，所以能够反映外物而又不因此损心劳神。《天道》一章也对道家圣人有所描述：

> 圣人之静也，非曰静也善，故静也；万物无足以铙心者，故静也。水静则明烛须眉，平中准，大匠取法焉。水静犹明，而况精神！圣人之心静乎！天地之鑑也；万物之镜也。夫虚静恬淡寂漠无为者，天地之平而道德之至，故帝王圣人休焉。休则虚，虚则实，实则伦矣。虚则静，静则动，动则得矣。静则无为，无为也则任事者责矣。无为则俞俞，俞俞者忧患不能处，年寿长矣。夫虚静恬淡寂漠无为者，万物之本也。

圣明的人内心宁寂，不是说宁寂美好，所以才去追求宁寂；各种事物都不能动摇和扰乱他的内心，因而心神才虚空宁寂犹如死灰。水在静止时便能清晰地照见人的须眉，水的平面合乎水平测定的标准，高明的工匠也会取之作为水准。水平静下来尚且清澄明澈，又何况是人的精神！圣明的人心境是多么虚空宁静啊！可以作为天地的明镜，可以作为万物的明镜。虚静、恬淡、寂寞、无为，是天地的基准，是道德修养的最高境界，所以古代帝王和圣明的人都停留在这一境界上。停留在这一境界上便心境空明虚淡，空明虚淡也就会显得充实，心境充实就能合于自然之理了。心境虚空才会平静宁寂，平静宁寂才能自我运动，没有干扰地自我运动也就能够无不有所得。虚静便能无为，无为使任事的人各尽其责。无为也就从容自得，从容自得的人便不会身藏忧愁与祸患，年寿也就长久了。虚静、恬淡、寂寞、无为，是万物的根本。

换句话说，融入世界的过程，以及对情境的准确感知，意味着一种和谐的方式，而坚持一个固定的视角，依附于它则意味着你失去了一些东西。

在《淮南子》中，智者与世界的共鸣，或者说理解万物确实是相互联系的，再一次被说成是不可能仅仅通过"知识"来获得的："夫物类之相应，玄妙深微、知不能论，辩不能解。（各种事物之间互相感应，其中的奥秘玄妙深微靠知识不能讲清，靠辩说无法解释）"简而言之，真人或圣人能够完全意识到他与世界互动中的规律性。毕竟，正如庄子所说："天人合一（Graham，2001：56）。"

当我们从庄子的无为和海德格尔的"天、地、神、人""四重整体"（Geviert）的角度来考虑这一点时，我们也被劝导，不要人为地改变自然，或至少不以任何激烈的方式改变。这就是庄子和海德格尔都反对技术和人工知识的原因：它们使我们偏离了真正认知的起源。太多的"知识"是一件坏事，对这种知识的追求使我们忘记了"存在"（海德格尔）或"道"（庄子），从而将我们的认识强加于事物真正的本质之上。智慧不是寻求改变事物的知识，而是一种寻求与变化的事物和谐共适的生活方式。

将智慧与这个不断变化的世界联系在一起的观点，也存在于两位思想家如何看待死亡的问题中。海德格尔和庄子都在这一问题上花费了大量的时间，他们都认为真正的智者的决定性特征之一在于与死亡的和解。虽然我们可以很公平地说，在海德格尔和庄子的"正常"世界里，人们都害怕死亡、想要生存，但二人谈论死亡的方式却大不相同。海德格尔对这种恐惧的克服在于一种"畏"（Angst）的概念，他将其作为一种跨进死亡之前必经的阶段，通过它面对我们自己的死亡（如果我能向死而生，承认并且直面死亡，我就能摆脱对死亡的焦虑和生活的琐碎。只有这样，我才能自由地做自己）。庄子的方法略有不同，他认为没有必要经历焦虑阶段，而是相当平静地接受死亡是生活的必要组成部分。但有人认为，庄子的死亡理念，或更确切地说，"死亡是人生的一部分"的生存观念，确实打通和贯穿了人生与生命世界的连续性。在"庄周化蝶"和庄子"有用无用之辩"的场景中，生死之间的差异并不大。很明显，海德格尔和庄子都试图将死亡感注入我们的生活中，而且至少在一定程度上，智慧就在于让我们意识到这就是完整的人生存在。从这个意义上说，它们都试图将我们与我们所生活的世界联系起来，并且都避免诉诸超脱尘世的考虑。

与特定的环境相关的智慧（处境智慧）

如果智慧被理解为与不断变化的事物产生共鸣，那么海德格尔和庄子都认为它存在于与周围环境表现出非常密切联系的人身上就不足为奇了，这通常是通过实践一门手艺或技能实现的。例如，海德格尔在《什么叫思想》中说："或许思想也就像打造一个柜子。无论如何，它是一门手艺（Heidegger，1993：380）。"

海德格尔有很多这种与地方性相关联的智慧的例子，这表明智慧在实践中确实是"地方性的"，但不是从消极的意义上说，而是从与土地和环境的直接经验相联系的积极意义上说的。的确，海德格尔以"外省人"而闻

名或声名狼藉，这一点他在他的《林中路》中欣然承认
（Heidegger，1934），在那里他说他的作品"深深植根
于农民的生活并与之相关"。

其他的一些例子包括《筑·居·思》对黑森林农舍
的一段描写，以及它是如何以栖居的方式把"天、地、
神、人"聚集于身，并与大地或环境紧密相连的（海德格
尔，1993：361-362）。在《艺术作品的本源》一书中，
海德格尔有一段时间致力于研究梵高的一幅农民鞋的绘
画。在这里，海德格尔说了一些我认为是直观和正确的
东西：用科学的方法，客观理性地考虑一双鞋，永远无
法"知道"（科学的作用只是有助于人们对于事物的认
知，而不是对于事物的知道，这是哲学的任务，这是哲学
与科学的不同）。科学的方法与概念不能真正"知道"这
双鞋是什么。鞋子已经穿破，而不仅仅是物品。"那是
农民在地里穿的鞋，只有在这个特定的环境中，才能真
正理解这双鞋的含义。它们用于农民在田里劳作。鞋的
破损表现了农民的贫穷和劳作的艰辛，它们就是这样，
在真实的环境中，农民很少想到鞋子，因为他们在工作
（Heidegger，1993：159）。"知识是普遍的，或者渴望
在它的对象化、抽象化和一般化中做到这一点；可是，虽
然它在这种意义上是成功的，但在真正了解事物的方面却

失败了。另一方面，智慧应该是地方性的，来自或反映一种情境的认识，寻求从事物的具体情境中理解事物。

在《庄子》中，大量的人物和动物表现了与智慧相关的行为。我不会讲述所有的这些故事，但我要提及其中最著名的"庖丁解牛"的故事。我们可以看到，庄子以一种隐喻的方式，表达了熟练的工匠的诀窍是他们对情境的认知且这种认知与具体的环境相一致；这保障了他们的成功。又比如游泳运动员的成功，很大程度上取决于他们顺从于水流，适应当时的环境。这样的人在他们的职业或活动范围内，在他们的处境中被认为是"明智的"，这种处境智慧在圣人身上得到了延伸，圣人可能会在他或她所做的一切中表现出这种技巧和对处境的关注。简而言之，智慧是专注于具体的环境，能够因地制宜，而不是使用一个固定的原则。

认识道与存在

但是，海德格尔和庄子在另一方面可以说是把智慧看作实现。没有人类的适当关注或思考，"道"和"存在"就什么都不是了。"存在"由"此在"（Dasein）和普通的存在构成。"存在"是最高的普遍性，一切存在者都存在，如果要追问存在的问题，需要通过一个存在者，就是我们（人）向来所是的这种存在者，称为"**此在**"（Dasein）。"**此在**"与万物不同，他由存在规定，他对自己的存在是有所认知和作为的（to be），这让存在得以显现。所以"**此在**"由于领悟其存在而得以存在，而"**存在**"的遗忘是这样的：当最后的思想家离开时，"**存在**"也将从人类世界中被抹去。这可以从诸如上帝的死亡、上帝的逃离、人类对技术的无能为力或对技术的依赖等事件中看到，所有的这些都标志着形而上学的完成，它废除了对"**存在**"的偏爱。海德格尔反驳道，诸如知识连接一切、聚集，以及逻各斯、四重整体、从属等术语，所有的这些似乎都是为了我们与存在的"重新连接"。"存在……是对人的召唤，世界不能没有人（Heidegger, 1993：211）。"

因此，人类和世界不仅存在着一种相互依赖的形式，或者在海德格尔的例子中，人类是"此在"并创造了一个世界。这里我必须求助于海德格尔的德语："Wissen is nicht Wissenschaft im neuzeitlichen Sinne. Wissen is das denkende Gewahren der Wahrnis des Seins"（Heidegger, 1994b：349）。在英语中，这句话的意思是："智慧（知道、思）不是现代意义上的科学（科技）。智慧（知道、思）是对存在经过深思熟虑的保存（是使存在得以实现的保存、是对存在的保存）。""Gewahren"和"Wahrnis"这两个术语很难翻译，但对于理解海德格尔的意图至关重要。"Gewahren"的内涵是"保存"，使wahr（真）、Wahrheit（真理）在海德格尔的"无蔽"意识中被理解，并被守卫。"Wahrnis"（保护）也是如此，海德格尔明确地将其与"小屋"（Hut）、"守卫（guarzling）"、"保持"（keeping）与前面的一些段落联系起来（Heidegger，1994b：348）。在《关于技术的问题》的其他部分，海德格尔说，人"可能是被需要的人，被用来保护（Wahrnis）真理的出现（Heidegger，1977：33）"。因此，我认为海德格尔是在说，智慧在于保持和保卫真理/保存存在，由此，通过内心宁静的放松，事物可以自然地显现自己。

因此，如果人类明智地思考，他们就会使存在成为现实，或者保护它。这意味着"暗示不是获得抽象知识的一种手段。思想在存在的土壤上刻下深深的沟壑"（Heidegger，1971a：70）。思考对存在有一定的作用，它可以打开存在，就像打开土地一样，人们通过在上面挖出犁沟来种植。是的，这是另一个与土地有着密切联系的农业隐喻。因此，人类有能力提供一个空间，让事物"成为"它们本来的样子，也就是说，通过存在而存在。

中国哲学从整体上讲，也体现了事在人为的思想。它体现为"道"，也体现了人在追求智慧中的主体地位。这不是我们的突然发现，也不用为此深思而得。在接下来的部份中，我们应该注意不要把"知"理解为人为的知识，而是从现在开始意识到它更符合我对"智慧作为实现"的理解。这一点已经在孔子那里被发现："人能宏道，非道宏人。"艾姆斯还从"溯源"的角度探讨了中国古典思想中"真知"或智慧的本质："中国人的'知'是参与和创造性的——采用感性和遵循惯例的方式。""知道"就是"认识"、"使之成为现实"（Ames，1993：57）。

这种思想在《道德经》中也有体现。艾姆斯和霍尔将道与"道"转换使之更加清晰，他们提到在道家认识时指出："这种行为的'认识'即一个人积极地诠释和实现一个健康、富有成效的世界（Ames and Hall，2003：42）。"同样考虑一下《道德经》中的这段话："为学日益，为道日损，损之又损，以至于无为。"

在庄子的例子中，很明显，"道"只存在于某些人遵循它来生活的时候。"道"可以从这个世界上消失，也可以出现。正如庄子所说，"道生于行"。这就意味着如果我们"走错了道",我们就会失去"道"。正如艾姆斯所说:"对庄子来说,知识是一种表现,是一种富有成效的相互关联的功能。因此,这是一种成就——一种质的飞越。了解一种情况就是使其意义在现实中的'实现','使它成为现实'。"(Ames,1998:220)

当然,大多数道学经典都坚信,"道"包含的主体不仅"天人合一",与世界一体,而且能够使世界得到有效的治理,最好是通过不受干涉的的方式(无为而治),这虽然可能不为庄子所用,但肯定为其他道学家所用,是智慧在当时世界的最终应用。对庄子来说,拥有智慧的圣人或贤者体现了这样的智慧,就像她或他在世界上的处事一样。这种处事总是以无为的形式出现,在无为中,世界的实现方式就是让事物不受阻碍,顺其自然地以本来面目呈现出来。

结语

我曾说过,尽管海德格尔和庄子对"知识"和"智慧"这两个术语似乎都不太感兴趣,但他们还是明确区分了正确的"知"和错误的"知"。因此,我们已经看到海德格尔和庄子都认为,普通的、人为界定的常规知识不足以理解人在世界上的重要地位,或对此理解形成阻碍。因此，两位哲学家都反对传统知识，并认为需要更高或更好的"知识"，即智慧，来超越抽象思维的局限。尽管两人都构想了这样一种"大"的知识，但他们也意识到这种智慧最终与"小"的知识没有根本区别；因此最终海德格尔和庄子都寻求克服小知和大知之间的二分法。他们试图通过将智慧理解为属于这个世界的一种亲密关系，并将其理解为一种现实，以正确的方式"知道"，我们实际上可以实现而不仅仅是观察我们所属的世界。这种"领悟"或"意识"（智慧）告诉我们，我们是什么样的人，我们如何对待身边的一切。

参考文献：

1. AMES R T, 1993. *Sun-tzu: The Art of Warfare*. New York: Ballantine Books.

2. AMES R T, 1998. *Wandering at Ease in the Zhuangzi*. Albany: SUNY Press.

3. AMES R T, HALL D L, 2003. *Daodejing, Making This Life Significant*. New York: Ballantine Books.

4. AMES R T, ROSEMONT H Jr, 1998. *The Analects of Confucius: A Philosophical Translation*. New York: Ballantine Books.

5. CHAN W,1963. *A Source Book in Chinese Philosophy*. Princeton: Princeton University Press.

6. GRAHAM A C,1989. *Disputers of the Tao: Philosophical Argument in Ancient China*. La Salle: Open Court.

7. GRAHAM A C,1990. *The Book of Lieh-tzŭ*. New York: Columbia University Press.

8. GRAHAM A C,2001. *Chuang-Tzu: The Inner Chapters*. Indianapolis: Hackett Publishing Co.

9. HEIDEGGER M,1966. *Discourse on Thinking*. New York: Harper & Row.

10. HEIDEGGER M,1971a. On the Way to Language. New York: Harper& Row.

11. HEIDEGGER M,1971b. *Poetry, Language, Thought*. New York: Harper & Row. HEIDEGGER M,1977. *The Question Concerning Technology and Other Essays*. New York: Harper & Row.

12. HEIDEGGER M,1981. Why do I Stay in the Provinces?//SHEEHAN T. *Heidegger: the Man and the Thinker*. Chicago: Precedent Publishing, 27 - 29.

13. HEIDEGGER M,1993. *Basic Writings*. New

York: HarperCollins Publishers.

14. HEIDEGGER M, 1994a. *Vorträge und Aufsätze.* Stuttgart: G ü nther Neske.

15. HEIDEGGER M, 1994b. *Holzwege.* Frankfurt: Klostermann.

16. HEIDEGGER M, 1999. *Contributions to Philosophy (from Enowning).* Bloomington: Indiana University Press.

17. HEIDEGGER M, 2006. *Mindfulness.* London & New York: Continuum International Publishing Group.

18. HONDERICH T, 2005. *The Oxford Guide to Philosophy.* 2nd ed. Oxford: OxfordUniversity Press.

19. MAJOR J S, QUEEN S A, MEYER A S, et al., 2010. *The Huainanzi.* New York: Columbia University Press.

20. NIETZSCHE F, 1997. *Twilight of the Idols.* Indianapolis: Hackett Publishing Company.

21. WATSON B, 2003. *Zhuangzi: Basic Writings.* New York: Columbia University Press.

第三部分

当代智慧

第八章　作为一种精神修行的哲学：
旧观念重提的时代已经来临

肖恩J·麦格拉思[①]

面对消费主义主宰全球文化的情形，我们要回归哲学，我们呼吁实践哲学，我们需要关注自我。

最重要的是，保护你的心，因为你所做的一切都源于它。

在当今的形势下，对智慧的热爱已成为一种政治问题，因为它意味着背离如今主导全球的政治经济意识形态：消费资本主义。为了捍卫这一论点，首先我们有必要认识到今天哲学是如何受到各方威胁的。在现代社会，哲学从来没有像今天这样与顽固的非哲学文化作斗争，在这

---

① 肖恩·麦格拉思（Sean J. McGrath），1966年出生。加拿大纽芬兰纪念大学的哲学教授。

样一个同质化的、全球化的发达世界，我将这种现状描述为消费资本主义的主宰。如今，大众的外部生活受到全球市场力量的高度监控，而人类的内心生活则被铺天盖地的广告媒体驱动的消费欲望所殖民。我们不再有一个协调的空间，在这个社会中，我们可以讨论在地球上最好和最差的生存方式；而现在新的生活空间已经为六家跨国公司所建立，它们渴望开发任何潜在的消费者的利益。我们只能服从，因为我们的主观性越来越多地被一组共同的内在理想所感动和激励。我们都是同一教会的成员，信奉同样的宗教：消费神学。

然而，哲学总是在逆境中茁壮成长。想想雅典民主制时的苏格拉底身边的诡辩家（智者学派）、希腊时期在享乐主义者亚历山大统治下兴盛的斯多葛学派（忍隐与苦修），或者最近在第二次世界大战期间出现的存在主义哲学。这些例子证明哲学不需要文化或制度上的支持。今天，当学术哲学达到其近代发展史上前所未有的无关紧要地位的时候，当全球文化似乎完全被消费主义所束缚，以至于拒绝承认其不可持续的生活方式如何危及自身生存的时候，当学者们例行公事地将所有知识问题交给科学技术产业的高级工程师时，哲学便又处于一个很好的位置上了。因为它再也无法回避这个问题，这个问题永远存在于哲学之中，那就是：哲学是什么？它的目的是什么？为什么即使它很显然被证明在科学和政治上无关紧要，但仍继续吸引着大批追随者？

当今世界的形势

一辆承载着印度神像的巨型人力马车，正通过拥挤的印度街道。信徒们被鼓励以歇斯底里的自我牺牲方式把自己投身到车轮下。我在这里，用这个巨型的人力马车比喻一股不可阻挡的毁灭力量，它需要盲目的奉献和无情的牺牲。我把消费资本主义社会描述为一个巨型马车，意在表明：没有人能阻止它的前进。它不是由人的理性和心智所驱动，而是由全球狂热的技术进步和人类无穷的物质欲望所推动，它是不可阻挡的。它破坏了自然和人类环境，并且不会停止，直到没有任何东西留下。消费主义助长了这一狂潮，这种荒谬的信念认为，个人可以通过购买大量的产品来提升自己的身份，并导致无穷无尽的自由，这一信念带来了幸福，为了这个信念，我们愿意牺牲我们生命中美好的部分和我们星球上的大量生命，虽然在某种程度上我们知道这是错的。

消费者的自由是无穷无尽的，但它纯粹是负面的；它表现为在一个供给能力有限的星球做无限的选择：我们可以自由选择的不是社会结构或个人的善恶，而是无穷无尽的物质商品。消费的好处不是选项之一。

正如齐泽克（žižek）所说的那样，晚期资本主义的居民在非理智超我的刺激之下不惜一切代价去享受。随着铺天盖地的商品广告所带来的普遍焦虑，人们认为自己没有达到社会对自己的期望（即自己未能达到一般的社会生活标准），我们必须在不断的消费中"享受"由此而来的心烦意乱和无休止的对自己生活的不满意。如果我们要享受消费主义的特权，就必须在不断的干扰中迷失自己。齐泽克认为，消费主义者缺乏真正的决定力，它使我们全身的投入到一种永远无法得到满足的欲望中，去寻求满足（现代社会中，消费主义者的特点是选择的盲目性和判断力的缺乏性）。

可口可乐最初被作为一种药物引入，这并不奇怪。它奇怪的味道似乎并没给消费者提供特别的满足感。然而它给消费者带来的愉快不是直接的，其原因在于它超越了一般饮品，如水、啤酒或葡萄酒的使用价值，这些饮品肯定能解渴，而可口可乐是"信息时代"时髦与前卫的象征，是物质享受的纯粹剩余，即精神和心理上的满足。从这个意义上看，它带来的不是一般的生理满足而是心理满足感。这就是我们在自我强迫性消费中所追求的神秘而又难以捉摸的东西。这并不出人意料，因为可口可乐不能满足我们的任何生理需要，在一些其他饮料满足了我们的物质上的实质性需要之后，我们喝它只是作为补充。正是这种多余的特性使我们对可口可乐的渴望更加难以满足。

可口可乐有一种自相矛盾的特性：你喝得越多，就越渴。所以，可口可乐的口号是"可口可乐就是它！"而我们应该从中看到一些模棱两可之处——这里的这个"它"，喻指的不仅仅是信息技术的社会下所代表的时髦和前卫，还暗示对其每一次消费都开启了消费心理上的更多欲望。其矛盾之处显示了可口可乐不是一种普通的商品，而是一种欲望象征，它独特的使用价值已是视听的、不可言喻的物质满足后的追求精神满足的直接体现……你挣的越多，你想要的越多，你喝的可乐越多，你就越渴，你越服从超我的命令，你就越有罪。在这三种情况下，对等交换的心理被渴望得到更多的心理所取代，这种逻辑是"你得到的越多，你欠的就越多"，或者"你拥有的越多，你错过的就越多，因此你就不断的渴望"，或者从消费主义的话语来讲，"你买的越多，你就得花的越多。"（žižek，1999）。

疯狂性消费是一种极度不快乐的状态，因为我们就像车轮上的沙鼠，无论跑得多快，都无法到达任何地方，同时，这种不快乐，却是商家一种最大的利润源泉。就消费主义经济学而言，假定消费不再依赖于单纯的物质需求——消费者将产生无限的新的跨物质需求——那么消费主义基本上是理想主义和神学的，尽管它代表着完美的资本主义逻辑。想想我们对信息技术的沉迷吧，我们永远不会停止对新一代智能手机及其最新版本ipad的渴望，因为明年的版本会更好，与此同时，我们的生活——仅仅几年前我们口袋里没有智能手机也能很容易地交流——现在没有这些设备是不可想象的。更重要的是，这些机器需要做的处理工作总是不断增加，以至于没有哪一代设备能够完美完成。随着苹果公司利润的增长，被丢弃的机器如山一样，越堆越高，与此同时，当我们盯着崭新的、刚发布的机器时，它仍散发一种超然的光环。但三个月后，我们将厌倦我们的新玩具，并急切地等待下一代的发布。

不要被欺骗，以为消费资本主义的主宰力量只不过是19世纪自由主义在全球的应用。事实上，作为一种哲学，消费资本主义已经扼杀了自由主义。平等和自由恰恰是与消费主义和资本主义无法共存的理念，因为统治地球的企业寡头政治永远不受平等政治的约束——顾名思义，不受任何社会契约的约束——而被大肆吹捧的个人自由必须受到戒律的限制，也就是说你最珍视的一切都必须被置于一个私人的、政治上无害的空间。我们甚至没有提到消费资本主义所假定的奴役状态，因为很明显，不是所有人都能享受消费的狂欢：一定有一支奴隶劳动大军藏在某个无法形容的洞里，在东南亚的血汗工厂里制造我们的衣服和设备，并以极低的价格出售。但我们也绝不能忽视推动消费资本主义巨擘前进的第三个关键因素：技术。于此，我们触及了公共哲学的另一个障碍，技术（而其他两个因素是：消费主义，它限制了第一个伦理问题的范围；科学主义，它限制了社会物质存在的本体论质疑的范围）。

来看一篇早期的文章，它宣布了科学主义对本体论的胜利：威尔弗里德·塞拉斯（Wilfrid Sellars）1962年的开创性著作《哲学和人类的科学形象》（Sellars，1963）。在本文中，塞拉斯区分了世界的"显性形象"和"科学形象"。"显性形象"包括主观意图、思想和外表，从第一人称"我"，即人类自我表相认知的角度看世界；"科学形象"用理论物理科学来描述世界，这个世界并不是第一人称的，而是我们通过因果关系、粒子和力等概念间接指出的。"显性形象"包括实践或道德主张，而"科学形象"不包括。虽然塞拉斯似乎在努力为哲学开辟一个空间，作为一种人对世界和自身的认识的规范论述，但在目前的情况下，对世界存在的本体论的认识任务现在已经被科学所接管，用他自己的话来说，"形成一种科学导向的自然主义现实主义，这种现实主义将'拯救表象'"（Sellars，1975：289），他的文章的历史效果正好相反（想想丘奇兰试图创造一种哲学语言，其中第一人称"我"指的是根本不存在的，在现实功利的层面，这种主体性的缺失只能是分析哲学的伦理学，但在政治上是无效的）：塞拉斯非但没有赋予哲学权力，反而削弱了它。当然，并不是塞拉斯做出了哲学与现实的最后割裂，作为一名优秀的分析哲学家，他只是在说明，从哲学认知的角度，"普遍的事物是如何与普遍哲学概念和术语结合在一起的（Sellars，1963：1）。"

但是当塞拉斯假定，"在描述和解释世界的角度上，科学是衡量一切事物的尺度，定义它是什么，它不是什么（Sellars，1956：253）"的时候，这场哲学与科学角逐的游戏最终以科学的胜出为标志，已经结束了。塞拉斯有些绝望地认为，当所有有关世界上事物的存在问题都被科学囊括和解决时，哲学仍然可以发挥规范性的作用，因为描述和解释并不是语言的唯一"维度"，语言可以表达科学理性，也可以表达主观经验。主观经验的

"显化层次"仍然存在，这与科学本身所描述的非显化层次大相径庭。从表面上看，我们还有很多工作要做，这些工作是科学无法做到的，例如，衡量人类的利益问题。科学的工作是揭示现实社会经验世界背后的内在结构，即我们生活中的因果关系，但是由于我们不是在亚原子水平上生活，所以我们继续需要哲学，它是解决人在世界中"如何"生活，而不是"什么"是生活的问题，即人与世界和谐相处的实际问题，而不断进步的科学进程已逐渐向我们揭示了这个问题。

但这是1962年。从那以后，哲学的情况变得更糟了，在一些人看来，这一规范性的哲学任务，无论它实际是多么的微不足道，现在也已经被剥夺了。因为自由资本主义显然已经摆脱了一切神学包袱，并与科学技术紧密相连，它似乎已经取得了对所有其他伦理和政治制度的决定性胜利。至少这是弗朗西斯·福山[①]在1992年的论点。尽管人们嘲笑福山新自由资本主义必胜的观点，尽管民族主义死灰复燃，伊斯兰教对西方的反抗，以及发展中国家

---

① 　弗朗西斯·福山（Francis Fukuyama），生于1952年10月27日，日裔美籍学者。哈佛大学政治学博士，现任约翰霍普金斯大学、保罗·尼采高级国际问题研究院、舒华兹讲座、国际政治经济学教授。著有《历史之终结与最后一人》、《后人类未来——基因工程的人性浩劫》、《跨越断层——人性与社会秩序重建》、《信任》、《政治秩序的起源：从前人类时代到法国大革命》。

新经济的出现，但自1992年以来，世界有什么实质性的变化吗？"历史的终结"可能被过早地宣布，然而，福山说对了："9·11事件"和2008年的经济危机证实，原本占主导地位的自由资本主义以前似乎只是美国在政治经济和世俗化问题上所采取的主要策略，但现在已成为全球政治议程和关注的焦点。回顾他的1990年的文章《历史的终结》，这篇文章写于苏联解体之后，福山用下面的话总结了他的论点：

> 一个明显的共识是，在过去几年，自由民主作为一种政治体制在世界各国纷纷出现。……自由民主可能构成"人类意识形态演变的终点"和"人类政府的最终形式"，并因此构成"历史的终结"。也就是说，虽然早期政府是有严重的缺陷和不合理的地方，最终导致了它们的崩溃，但自由民主可以说没有这种基本的内部矛盾。这并不是说，今天的稳定民主国家，如美国、法国或瑞士，并没有不公正和严重的社会问题。只是现代民主所建立起来的自由和平等这两项原则未被完全执行，而不是这些原则本身的缺陷……因此自由民主的理想无法推进。（Fukuyama，1989）

福山补充说，依据亚历山大·科耶夫①的说法，自由民主政治体制取得成功的关键催化剂是技术。科耶夫的《黑格尔导读》，将科技带给社会的结果解释为黑格尔所说的同质状态；然后随之而来的是技术带给社会的（康德伦理学中的）假言令式（亦译"有限命令"，指从一定条件出发的道德命令）。同时，现代技术也带来了新的军事威胁，给技术落后的邻国带来了压力，迫使其进行技术改造。这种技术化需要市场经济作为支撑，用福山的话说，就是"统一的经济生产可能性"。"这样的市场经济不能容忍文化和种族的多样性。所有正在进行经济现代化建设的国家必须越来越相似：它们必须在中央集权国家的基础上实现国家统一、城市化，以基于经济理性的具有现代功能和效率的社会组织取代部落、教派和家庭等传统的社会组织形式，并为其公民提供普遍教育。"（Fukuyama，1989）对不现代化国家的惩罚是孤立：断绝其与全球市场和消费文化相联系，顽固的反现代化的国家将没有发展本国国防科技的财力与机会。因此福山臭名昭著的结论是："（世界历史现代性的标志是）自由民主政治成为国家在资本主义方向上的普遍进化"在我们这个

① 亚历山大·科耶夫（Alexandre Kojève，俄语为Aleksandr Koževnikov，1902—1968），著有《黑格尔导读》。

时代已经得到了证明（Fukuyama，1989）。

如果本体论问题现在由科学解决（塞拉斯的观点和结论），并且伦理-政治问题越来越没有实际意义，因为事实上只剩下一种政治体系，而且它的伦理和人类学前景问题可以被视为已被解决了（福山的观点和结论），那么哲学可以被原谅，因为它认为没什么可做的了。但这是错误的。在我们这个时代崩溃的不是哲学本身，哲学始终是人类在非功利的现实应用之上普遍需要的一个心灵产物，它非仅仅是游戏，也不仅仅是艺术。但是哲学的唯心主义概念，或多或少是现代哲学的同义词，已不再站得住脚。作为知识的知识（唯心主义），哲学是元科学（把科学作为研究对象的学科）的梦想，是一种对现实的全面解释，也是人类自我认知的证明，它使所有学科的研究变得具有意义，无论是科学的、神学的还是政治的，以及存在的各个领域都是如此。这种思辨的哲学思想出现在笛卡尔、莱布尼茨和斯宾诺莎的著作中，成为德国唯心主义哲学的基础，并一直延续到以胡塞尔和早期海德格尔为标志的现象学的鼎盛时期。但这个理想显然无法在当代科学主义的征服和消费资本主义巨擘的胜利中幸存下来。

当代的形势迫使我们思考，也许哲学有一个更深层次的存在理由，在理想主义者对形而上知识追求的目的的消亡中，哲学仍然为批判科学主义和消费主义提供了一个有利的角度。这种更深层次的做法是西方古代哲学和中世纪神学的基础，但在当今的学术传统中却被遗忘了。也就是说，哲学是作为一种精神修行，作为一种自我关怀式的反思，哲学家依据自己对事物真相的猜测，以及思考集体和个体应该做些什么，来促进人类繁荣。我们当前的局势是严峻的，没有显著的解决办法。但正如加拿大哲学家乔治·格兰特所言，"我们每个人所做的总是很重要的"（Grant，2005：98）。

实践哲学

然后，让我们再回到最古老的哲学理想，我们可以将其描述为哲学第一理想，它激励了苏格拉底和希腊哲学的主要流派（斯多葛派、伊壁鸠鲁派和新柏拉图主义），并在基督教禁欲主义中生活了几千年，直到它被17世纪出现的新的哲学模式"关于知识的知识"所掩盖。笛卡尔之前的哲学并没有被普遍认为是一门综合性的科学，甚至连最具科学倾向的古代哲学家，如中世纪的亚里士多德也没有这样认为。哲学作为对智慧的热爱，最初是一种专注于自己实践的行为，假设一个人尚未明智，哲学就是其认为自己有能力知道之前要进行思想和行为方面的转变。

　　这段被遗忘的历史是在米歇尔·福柯于法兰西学院的晚期授课（1981-1982）中被重新唤起的。后期福柯在他的《性史》中将人的主体性进行的大部分负面观点定性为对希腊哲学中广泛应用的"自发展出来的"的正面甚至规定性的描述（Foucault，2005）。福柯在《性史》中认为，人的所谓主体的内在性实际上是一个完全被政治化了的空间，由忏悔、服从和惩罚的话语构成：我只是一个完全服从他人的主体（Foucault，1978）。《性史》第三卷第二章"自我的培育"（Foucault，1986：37-68）中虽然出现了希腊化的另一种选择，但在福柯的《主体解释学》（Foucault，2001）中，探讨了另一种人类心灵内部自由的选择是如何在斯多葛主义、伊壁鸠鲁主义和新柏拉图主义中显露出来的，这是一种不同的自我概念，它产生于能够使自己实现真理的实践中。福柯认为，这种希腊哲学中的实践哲学，不仅是一种不同的主体，而且是一种不同的真理观，一种个人的真理观，它专注于精神探索，禁止未入门的人接触，并对要求主体进行自我关照：在实践中重视个体经验的作用，强调我们自己的表达、愿望和价值判断，它可以促进或阻碍我们对真理的体验。这一前现代哲学的主体是由自我精神实践构成，而不是由统治力（权力）或话语技巧（知识）构成。

在这些杰出的分析中，福柯为我们提供了一个"精神"的定义，它有效地将它从罗马天主教（保守的一面）和新时代（进步的一面）中解放出来，并将其重新定位于前现代哲学的核心。福柯写道，"精神"是"主体通过追求、实践和经验为获得真理，对自己进行的必要的转变"（Foucault，1986：15）。像苏格拉底、普罗提诺、爱比克泰德、伊壁鸠鲁、奥里根和奥古斯丁这样的思想家，不仅是哲学老师，也是精神导师。的确，对他们每一个人来说，哲学即使不完全是一种精神修行，至少也是一种与精神修行密切相关的学科。这位古代哲学家首先应该是个沉思者。哲学的目的不是改变世界，而是改变自我，以便能够了解真理，前提是我们对真理的自发体验被自我欺骗、痴心妄想和自我沉迷所扭曲了。17世纪后，哲学开始被认作真理的科学理想，福柯将其描述为一个冷漠的真理，一种与主体认知状态无关的真理：它是知识的知识。

因此哲学没有也不可能把个人精神或生活方式的转变作为体验真理的条件。启蒙运动以后，知识成为心灵从精神生活中提取思想的自动结果。福柯写道："现代当知识以及知识本身可以获取真理，也就是说，当哲学家（或者科学家，或者仅仅是寻求真理的人）能够认识到真理，并且能够独自通过他的知识行为获得真理，而无需对他提出任何其他要求，也无需他以任何方式改变或改变他作为主体的存在时，真理历史的现代时代就开始了。（Foucault，2005：17）"现代认知者不需要个人、精神、伦理或哲学的转变。要达到纯粹的客观性，所需要的只是严格遵守任何人都可以实践的方法。

　　相对于现代哲学的主流，福柯问道："你能在不利用获得真理的主体的存在的情况下获得真理吗？你能在不付出牺牲、进步、转变、净化而不影响主体的存在情况下获得真相吗？主体能像他认知自我一样了解真相吗？（Foucault，2005：522）。"哲学作为"关心自我"，或实践哲学的哲学，通过斯多葛派、伊壁鸠鲁派和犬儒主义学派，走向自我形成或"精神修行"的非学术领域，如问答、政治训练以及我们可能广义地、有点不合时宜地描述为前现代心理咨询的领域（"精神指导""忏悔""精神塑造"）。如果现代真理的概念是科学的和认识论的，那么前代真理的概念就是圣贤（或圣人）的生活和教学之间的和谐或一致。

　　研究古希腊哲学的历史学家、福柯在法兰西学院的同事皮埃尔·阿多（Pierre Hadot）同意这一观点，认为古典哲学几乎毫无例外是以自我心灵为主导的生成性的，而非知识性的。哲学家所热爱的智慧，即渴望而不曾拥有的智慧，应该被理解为一种生活方式，而不是一种科学性的系统论述。在这个意义上讲，以自我关注的方式追求真理不是道德上对他人的冷漠。对那些想要追求真理的人，自我关注是非常重要的要求：它要求绝对地遵从自我，要求自我生活的彻底转变。这个真理主要不是认知的，而是道德的；它不是一个人所拥有的东西，而如苏格拉底在《申辩篇》中所说，是一个人的存在方式。（Palto，1961：36b–c）

在希腊和中世纪时期，与实践哲学相联系的精神修行究竟是什么？阿多遵循了斯多葛学派对哲学三个分支的划分：物理学、伦理学和逻辑学。但我们不应该把它们理解为现代意义上哲学的部门划分。它们不涉及哲学家要理解和综合的三个不同的知识领域。相反，斯多葛学派的物理学、伦理学和逻辑学是哲学在自我关照实践中采取的三个反思方向。因此，对自我关照的必要巩固了这三者，并使每一个分支都成为精神锻炼的实践舞台。物理学关注哲学家在宇宙中的位置，并与实践联系在一起，通过这些实践，哲学家提醒他自己的有限性，他对身体的依赖，对物质的依赖，对世界存在的无常性的依赖，以及他受时空之网的局限。伦理学涉及人的行为原则和正义的重要性；逻辑学涉及他信念的一致性。但每一种反思都产生一种无欲无求的心境，或者说"控制激情"。阿多把马可·奥勒留的实践哲学总结如下：哲学关注"在方法上，试图实现实践判断的客观性；在认识社会方面，试图在为人类社会服务中按照正义的原则生活；在认识自然方面，试图意识到我们在宇宙中的处境"（Flynn，2005：615）。因此，实践哲学被诸如冥想、控制欲望、训练记忆、检查良心等精神修行所占据，——而不是对各种知识进行百科全书式的调查。但这并不是说它对知识漠不关心。相反，各种知识将被予以重视，并根据实际情况进行判断。这种知识在我的生活中多大程度被证实，我又能在多大程度上依靠它生活呢？

古代哲学家们都了解把哲学简化成只谈理论的诱惑。在古代哲学中，防止目的和手段颠倒的方法，至少在阿多看来，是通过实践来确保一个人的哲学话语源自于他对生活方式的选择。

阿多认为，古人的教训是，生活方式和话语不必像今天这样对立。这两者的对立并不符合实际和理论。在古代，话语被认为具有一定的实践性；如果不这样，那就是多余的。古代哲学家从事论述，因为这往往使听众或读者产生一种令人满意的效果。后来，在对实践哲学的遗忘中，话语成为了学术哲学的主要工作，在不断陷入困境的人文科学中，它不断证明自己是另一种学术形式。当被问到什么是哲学时，摩尔指着身后的那堵书墙说："哲学就是这些书的内容。"一个人可以很容易地每册哲学著作中的简洁索引和找到相应的哲学定义，从这些哲学学术语言成就的历代哲学著作中，我们可以看到哲学作为一种学术话语形式的历史性辩护，其目标是对哲学家们所过说的话进行调查、分类和解释。

既然哲学家们在西方哲学史的2500年里已经说了很多，那么每所大学都需要一位专家来为新的一代解释这些文献，这就像在一所很有名的大学里需要古典主义者、历史学家和文学理论家一样显而易见（或者不合理）。

但是，哲学与任何其他学科有着巨大的不同：它永远不能被简化归结为学术。始终活跃于哲学话语中，即使只作为一种可能性，也是以哲学的方式选择生活；也就是说，从自己的生活中用自己的声音进行哲学化。阿多比福柯更进一步，承认哲学在中世纪基督教中作为一种精神修行的持久性。福柯认识到希腊实用哲学在很大程度上被基督教吸收了，成为中世纪的经院哲学。

对福柯来说，这是实践哲学的终结的开始，因为当精神不再满足于明确的哲学要求，而是在宗教中有一个制度化的家园时，哲学就变成了一个非个人的学术理论的事业，从此为后来哲学在知识的现代进程中铺平了道路。阿多对中世纪更为宽容，他认为希腊精神与中世纪基督教精神的连续性表明，哲学作为一种生活方式从未完全从西方消失。

阿多指的是一些教会神父把基督教说成是哲学的一种方式，事实上那是真正的哲学。他在希腊和中世纪修道院的实践哲学之间进行了类比，例如"Memento mori"（"记住你只是一个凡人""记住你终有一死"）。斯多葛派哲学家埃皮克提图说："让死亡每天出现在你眼前，你永远不会有任何卑劣的想法或过度的欲望。"（Hadot，1995：131）基督教隐士安东尼说："活吧，就像你每天都在死去，注意你自己。"（Hadot，1995：131）这种对拉丁传统的解读让阿多继续在早期现代思想家中发现实践哲学的作用，这些思想家包括圣依纳爵·罗耀拉、斯宾诺莎、笛卡尔（他注意到冥想是如何带来存在主义的改变）、黑格尔（他的精神现象学成为现代哲学思考的开端）和20世纪兴起的存在主义的哲学家们。

结论

即使哲学作为一种学术注定要成为一种制度（在我

看来确实如此），哲学本身也可以作为一种修行继续存在下去。的确，哲学作为一种自我关怀，不需要任何机构的支持，或许在没有其他机构的情况下会更好。制度破坏了哲学的生命。在今天，对自我的思想和欲望保持警惕，就像在公元一世纪的亚历山大时期一样重要。当代大学生和苏格拉底时代的年轻人一样强烈地感受到存在主义问题的紧迫性。

福柯和阿多的实践哲学思想可以从两个方向发展——但可惜他们都未完成这两种实践道路。即：一方面，朝着批判当代宗教制度化的方向发展；另一方面，则朝着精神分析批判的方向发展。①

因为宗教和精神病学是活跃在当代全球文化中的两个重要成分，在这种文化中，自我观照的语言仍然在发挥作用。无论当代教会在做什么，他们都没有为沉思者创造避风港，即使他们的文学作品和礼拜仪式充满了冥想的价值。随着上帝之死，福音派教会更愿意沦为社会工作的代理人（无论他们如何装扮成神学）。而且，随着基督教在教育和科学领域日益边缘化，罗马天主教威胁说要成为一个堡垒，一个为那些出于自身安全感而断然否认历史的人

---

① 在某种程度上，我在《黑暗的精神世界》（2012）中试图找回精神分析的现实和精神根源，但在这个领域里还有很多工作要做。

的俱乐部。

在另一方面，精神分析批判方面，精神分析在很多方面都是异常的。在这个空间里，皈依作为获得真理的条件的想法仍然存在，或者至少在其创始人的思想中是存在的。精神分析训练的惊人之处在于，主要分析学派（弗洛伊德、荣格、拉康）的创始人都坚持"训练分析"。成为一名分析师的条件主要不是一个学位，而是在一个训练有素的分析师的指导下完成一个漫长的自我分析过程。精神分析是一种首创的实践，从一开始就与直接的经验科学相矛盾，这一点往往没有得到充分的认识。有趣的是，今天，由于在精神病学中处于边缘地位，精神分析越来越受到压力的困扰，人们要求对其方法进行医学化，并将其"谈话疗法"的实践纳入经验科学的准则（几乎是不可能的）。

最重要的是，我们不要把福柯和阿多对实践哲学的呼吁解释为自由主义。让我们不要假设的意思是，随着科学主义和消费主义对公共领域的侵占，哲学仍然可以退回到私人主体性的非政治空间，只要它不影响公共价值观，在那里我们仍然可以自由思考我们对生、死、善和恶的看法，因为实践哲学不注重私人空间和公共空间之间的区别。它把对自我的关心理解为一种显著的政治行为，因为所有的行为都源于自我。

实践哲学渴望在其最亲密的自我范围内改变自我（"此在向来我属性"），这样一个改变的自我将不可避免地改变社会，哪怕只是以一种微观的方式。我们也不应该让科学主义把所有的本体论问题留给科学家，而我们这些人却在公开的层面上喋喋不休地谈论着规范，科学甚至不会以承认它的存在为荣。实践哲学对科学主义赖以生存的事实—价值区分提出了质疑。在这里，实践哲学可以与来自其他领域的对科学的批评联合起来，例如拉图尔对科学的非政治性、价值中立性的拒绝（Latour，2004）。

最后，对实践哲学的呼吁是一个极其简单的问题，它如此简单以至于它的激进和反文化含义很可能被忽视。在被消费资本主义主宰的时代，当我们的欲望被系统地、公司化地控制和操纵时，关注我们的想法和渴望，我们的希望和恐惧（从心理上、精神上、生态上和政治上）是非常有意义的。

我将把我的最后一句话留给诗人。在艾略特（Eliot）的《荒原》的结尾，叙述者在沉闷地审视了现代生活的颓废和空虚之后，得到了一个小小的启示：他至少可以关注自我。

那条船欢快地

作出反应，顺着那使帆用桨老练的手

海是平静的，你的心也会欢快地

作出反应，在受到邀请时，会随着

引导着的双手而跳动

我坐在岸边

垂钓，身后是一片干旱的荒原

我是否至少应该把我的田地收拾好？

参考文献：

1. ELIOT T S, 1922. "The Waste Land," *The Waste Land and Other Poems*. San Diego: Harcourt Brace Jovanovich.

2. FLYNN T, 2005. Philosophy as a Way of Life: Foucault and Haddot, . *Philosophy and Social Criticism,* 31: 608 - 622.

3. FOUCAULT M, 1978. *The History of Sexuality, Vol. 1: An Introduction*. New York: Random House.

4. FOUCAULT M, 1986. *The History of Sexuality, Vol. 3: The Care of the Self.* New York: Random House, 37 - 68.

5. FOUCAULT M, 2005. *The Hermeneutics of the Subject.* New York: Picador.

6. FUKUYAMA F, 1992. *The End of History and the Last Man.* New York: Simon &Schuster.

7. GRANT G, 2005. *Lament for a Nation: The Defeat of Canadian Nationalism,* Montreal, QC and Kingston. ON: McGill-Queens.

8. HADOT P, 1995. *Philosophy as a Way of Life: Spiritual Exercises from Socrates to Foucault.* Malden, MA: Blackwell.

9. IRRERA O, 2010. "Pleasure and Transcendence of the Self: Notes on 'A Dialogue Too Soon Interrupted' between Michel Foucault and Pierre Hadot. *Philosophy and Social Criticism,*36:995 - 1017.

10. LATOUR B, 2004. *The Politics of Nature: How to Bring the Sciences into Democracy.* Cambridge, MA: Harvard University Press.

11. MCGRATH S J, 2013. The Tyranny of Consumer Capitalism and the Third Age of Revelation// *Analecta Hermeneutica,*5. [2015-2-1]. http://journals. library. mun. ca/ojs/index. php/

analecta.

12. MCGRATH S J, 2014. Secularization and the Tyranny of the Homogeneous State// *Bharatiya Manyaprad: Journal of Indian Studies*, 2:90 - 106.

14. PLATO, 1961. "Apology," *The Collected Dialogues of Plato*. Princeton, NJ: Princeton University Press.

15. SELLARS W, 1956. Empiricism and the Philosophy of Mind// FEIGH H, SCRIVEN M. *Minnesota Studies in the Philosophy of Science*. Minneapolis, MN: University of Minnesota Press, 1: 253 - 329.

16. SELLARS W, 1963. Philosophy and the Scientific Image of Man,// SELLARS W. *Empiricism and the Philosophy of Mind*. London: Routledge, 1 - 40.

17. SELLARS W, 1973. Autobiographical Reflections (February 1973)//CATNEDA H N. *Action, Knowledge, and Reality: Studies in Honor of Wilfrid Sellars*. Indianapolis: Bobbs-Merrill, 93—277.

18. ŽIŽEK S, 1999. The Superego and the Act: A Lecture by Slavoj Zizek. *The European Graduate School*. [2015-2-1]. http://www. egs. edu/faculty/slavoj-zizek/ articles/the-superego-and-the-act/ .

第九章 面向未来的东西方哲学与智慧

马丁·舍恩费尔德[①]

哲学的工作是面向未来，应该坚持琐碎的事情，并敢于挑战传统，走向积极推理。

如果哲学想要在今天这个经济过度发展和全球气候变暖的时代有所作为的话，那么它一贯倾向的怀疑和解析的方式就有些不太适用了。在现代西方哲学中，这种倾向表现为两种推理方式：分析性解析和后现代主义解构。它们体现在诸如维特根斯坦的语言游戏、德里达的坚持理性有限性、罗蒂以反讽取代真理的立场中。尽管这些立场之间存在差异，但它们在思维与数据之间的基本认知关系却没有差异。剖析和解构归结为同一件事——对数据的最终

---

① 马丁·舍恩费尔德（Martin Schönfeld），美国南佛罗里达大学哲学教授，研究方向包括比较哲学、环境伦理学、气候哲学和康德哲学。

怀疑。他们把这叫做消极推理。

苏格兰启蒙运动的诅咒

对世界采取怀疑和分解的研究方式，并不是所有西方哲学的特征。但受消极推理影响最大的是来自英语国家的哲学传统；也就是说，作为文明的一部分，其现代性版本来自苏格兰启蒙运动及其价值观——自由主义、个人主义和经验主义。这三种价值观综合起来往往会在认识论上相互强化，形成一种怀疑主义的心态。

自由主义是以牺牲平等主义和博爱主义（启蒙运动旨在平衡自由的另外两个理想）为代价来庆祝它自身的，平等和团结的表现是积极的经济权利（例如社会保障权）。自由的表现形式是消极的政治权利（例如思想自由权），消极权利保护个人特权不受政治或法律权力的影响。自由主义本质上意味着：我们有权拒绝。

个人主义与自由主义有着密切的联系，但与自由主义并不完全相同，个人主义认同人格的价值。正如自由主义的消极权利开辟了自由的空间一样，个人主义的积极主张是把这个空间变成了自我实现的庇护所。在与外部世界的交往中，个人主义的自我实现被置于拒绝权之上。因此个人主义者的心态不会受到外部压力的影响，例如来自科学共识的压力以及由此产生的警告。①自由主义和个人主义是一种文化倾向，因此平时是一种弥散的状态，但当它们成为资本主义恶果的有效意识形态的保护伞的时候，它们就变得实在与具体了。利用这些主张的公司（以自我公司利益为前提）瓦解了环境立法（以"自由"的名义），并成功地控制了民主体制（以保护"小人物"不受"大政府"之害的名义）。

自由主义和个人主义在生态问题上观点不幸结合，随着经验主义的加入，后果变得具有爆炸性。他们通过散布不确定的、似是而非的谣言来混淆事实，麻痹了政治决策者，从而使之无所作为；并且导致政府因为听信了这些谣言，而使原来在社会共同利益驱使下的对这些企业的监管变得松弛。顽固的或天真的经验主义者在生态认识问题的上诉诸感官，并通过观察来证实。这些经验主义者关注的是具体和特殊的事物。也就是说，真理是看得见摸得着的东西。

在气候变化和生态超载的当今时代，这一认识上的盲点变成了生态问题上的盲区。究其原因，气候变化和

_____

① 97%的气候科学家认为，过去一个世纪气候变暖的趋势很可能是人类活动造成的，世界上大多数主要科学组织都发表了支持这一立场的公开声明。美国科学促进协会指出："科学证据是明确的：人类活动造成的全球气候变化现在正在发生，它是对社会的一个日益严重的威胁"。

生态过度发展是系统性的，这个系统性的问题"无处不在，无所不在"。它们往往只有在达到临界阈值时才变得明显，比如当系统不可逆转地受损、进入故障模式或走向终结时。想想糖尿病或高血压的临床症状吧：这些机体的内在功能性失调疾病远不止表面看到的那么简单。尽管这些系统性疾病各有不同的成因，但它们最初的症状却难以找到，以至于等到其最终可怕地显现了，也就已经到了无法治愈的境地。因此诊断和治疗依赖于医学检查所提供定量的数据。

与此类似，天气是一种可以观察到的局部的短期现象，但用于描述至少三十年时间跨度的某一区域内的气象平均值的气候却不是这样。我不能"看到"气候，因为它在数量上是一个数据集，在质量上是一个整体结构。我不能指向它，因为它包围着我，不仅在空间上，而且随着时间的推移，在过去、现在、未来也都是如此。气候变化包括全球平均气温的长期变化，与地方一级每日的和季节的温度变化相比，变化幅度很小。气候变化，就像气候本身一样，在感官上是不可见的。因此对于天真的经验主义者来说，这是难以捉摸的。正如美国保守派政客对气候学家（他们通过数据表明全球气候变暖的结论）的嘲笑那样，特别是当冬天外面很冷的时候，经验主义者（那些保守派政客）可能真的会对全球变暖发出质疑（见《赫芬顿邮报》2015年）。

同样的认知盲点掩盖了"生态超标"（生态超载）问题。这个概念来源于两个数据集的比较，一个是地球系统的供应率，另一个是全球文明的需求率。地球供应方面是生物资源的更新率，如木质纤维以及环境服务（如碳循环）的同化率（吸收能力）。全球人类的需求方面则是资源利用率和服务压力。数据集的空间框架是整个地球，它们的时间框架是一整年。如果人类需求特给定年份超过自然供给，就会出现超标。需求在1970年达到了地球的100%供给，从那以后，每年都以更大的幅度超过地球的极限（Wackernagel et al., 2002: 9266）。2014年，地球的生态系统超标量超过了160 %（2014年全球足迹网络提供的数据显示）。人类的文明正在进行它的事业，就好像它拥有1.5倍地球的资源和服务一样。显然，这种情况不会持续下去。可见，与气候变化一样，生态超标也是一种以抽象的数据和宏观的整体结构为特征的事实。它不是直接可见的，但这并不会降低它的真实性。

在自由主义、个人主义和经验主义的三重打击下，气候变化和生态超载的危机对英语世界来说，是生态认识上的盲区。它们是爱好自由的个人主义者认为有权拒绝的令人不快的真理，因为这些结论来源于一种数据推论出的知识，一种系统宏观层面的知识，是经验主义的思维定势难以接受的。因此从直觉上，这些真相对他们来讲，难以置信。

同时，国际社会目睹了地缘政治的余波。人均碳足迹累积最高的国家是英国；但按人年均排放量计算，澳大利亚、加拿大和美国是最大的排放国；从1997年的《京都议定书》（Kyoto）到2009年的《哥本哈根协议》（Copenhagen），气候立法的失败一直是美国政治压力的结果。从以大卫·休谟和亚当·斯密为代表的苏格兰启蒙运动的立场来看，气候变化肯定毫无意义——要么是不真实的，要么就是人为的；或者如果它是真的，是人为的，那么它可能是无害的，甚至可能是好的。朴素经验主义者用消极态度来对抗生态问题及其措施。

在认识层面上，那些受苏格兰启蒙运动影响（以牺牲环境为代价的对工业文明的追求）的当代虚伪者，他们对生态环境的态度消极，拒绝接受所有已存在的真实，生态超标再次说明了这一点。人类文明的发展已经跨越了地球的三个边界：生物多样性的丧失、氮循环和碳循环。这些边界构成了我们栖息地的生物、化学和气候所能承载的极限（Folke，2013）。跨越这些边界继续运作，就好像没有任何政治或社会经济后果，这正是使文明不可持续的原因所在。目前一个特别突出的问题是，气候变化对全球农业生产的负面影响越来越大。随着全球的持续变暖，粮食生产安全将成为一个挑战。由于作为我们栖息地的地球的承载能力已不能满足我们众多的人口，因此这些信息对人类的生存有重大的意义，而且由于我们只能生活在这个地球上而别无选择，所以我们对地球的生态系统及其生产力的集体依赖性是绝对的。最后，由于我们对地球的绝对依赖性和地球的绝对脆弱性的情况，这一点适用于每一个社会形态和地区，因此它们是普遍关联（universal）的。

因此从实践角度上讲，这样的信息是一个复杂的真理，同时它具有存在性、绝对性和普遍性。但是根据那些消极态度的否定推理，我们无法获得绝对和普遍的真理，因为对他们而言，这些真理在本体论上是不可能存在的，或者，在认识论上是不可理解的。再给普遍绝对的真理增加一个存在主义的维度，肯定会让他们习惯的认知更加迷惑。诸如"存在绝对"或"存在普遍"这样的概念是矛盾修饰法，在术语上是矛盾的，在逻辑上是深奥的。他们的怀疑又一次自然而然地出现；但这些新信息恰好与他们的直觉相反。

与任何模式都有例外一样，环境伦理学对苏格兰启蒙运动影响的批判（以前充斥着大量对英格兰启蒙运动正面与肯定的评论），完全没有上述对复杂真理的偏见（对英格兰启蒙运动聚焦于经济的发展而无视环境进行了批判），但其在哲学课程中的重要性体现为它也只是选修课，而不是必修课。在英语文化中，其他进步的思想，如德日进（Piene Teilhard de chardin）的进化灵性、斯拉沃热·齐泽克对列宁主义的批判、埃里希·弗洛姆的存在主义和马克思主义，都是对英语主流文化的反驳。与西方新自由主义格格不入的是左派、进化论和生态主义者的思想。在加拿大、美国、英国和澳大利亚的主流意识形态是有例外的，但它们只是从反面证明了主流思想的主宰地位。正是这种常态：从艾茵·兰德（Ayn Rand）到列奥·斯特劳斯（Leo Strauss），以英语文化中的主流思想为代表的分析哲学、解构后现代性和新自由主义的政治思想，才是生态危机在意识形态上的罪魁祸首。

积极推理的另一种难度

哲学退化为否定推理，迷失了方向。为了再次找到方向，它需要改变路线。它能做的一件事就是向气候学所表现出来的理性学习。气候学是一种以分析为起点、以综合为结束的推理方法。综合在所有科学中都很重要，是因为内容的跨学科的复杂性，它在气候学中尤其重要。

所有科学都通过整合数据来获取知识，而气候学则整合了其他学科的数据。气候学不仅仅是气象学（就像天文学中的宇宙学），也是最具广泛性的跨学科的科学研究。与传统研究产生的数据（如有机化学）不同，气候学通过整合其核心学科气象学以及天体物理学、生物学、化学、生态学、地质学、冰川学、海洋科学、古生物学和极地科学等不同领域的数据得出结论。

气候学不仅关注事件的物理性质以及它们在生物圈中如何发挥作用，还关注减缓、脆弱性和适应等紧迫问题，因此更多学科的数据被捆绑在一起，比如经济学、社会科学、公共卫生和工程学。这种做法十分必要，因为理解气候变化需要跨越多个层面：气候系统是如何运作的，它的参数是什么；气候变化的原因和方式；气候变化所带来的影响；最后，如何应对——如何减缓气候变化，以及如何应对那些抗拒减缓的变化。

"把点连起来"的综合在所有科学中都是一种启发式的想法，但气候学把综合作为其研究的手段。科学综合提出了一个替代消极推理的模式。在科学之外，在哲学本身，还有其他的模式，说明了积极推理在智力上的意义。这些积极推理例子也是哲学史的一部分。以下两个不同文化圈中不同学术时期对环境所采取的积极态度和观点特别值得注意：

这两个时期，一个是中国周朝，形成了以老子为代表的道家思想，另一个则是启蒙运动的先驱，理性的时代或者称为德国的启蒙运动时期。老子（公元前4世纪）是中国道家思想家中的代，不需要多做介绍。另外，在德国启蒙运动中，还出现了两位先驱人物，他们是莱布尼茨的同代人，但他们的社会和文化影响却比莱布尼茨大得多，他们是克里斯蒂安·托马西乌斯（Christian Thomasius，1655–1728）[1]和克里斯蒂安·沃尔夫（Christian Wolff，1679–1754）。按照通常的学术标准，老子、托马西乌斯和沃尔夫都是英语主流文化中的异域人物。虽然老子在英语世界主流学术中的地位很高，尽管很难找到比《道德经》英文译本数量更多的著作，但他的思想（因具有更多的主观性和超验性），在今天显然对汉学家和宗教研究学者而言比对哲学家更有意义。而另一位古代道家圣人庄子却并非如此。他的作品充满了对理性、自然和事物有限的疑问和质疑，他与时代精神产生了共鸣。他的辩证法和不敬的风格比老子死板和严肃的规劝

---

① 克里斯蒂安·沃尔夫是承接"笛卡尔–斯宾诺莎–莱布尼兹"这一系先验论和唯理主义的学者。

有更多的辩论空间。相比较而言，《道德经》是非常教条的；如果说二者有什么不同的话，《道德经》不是辩论式的。

同样，托马西乌斯和沃尔夫对启蒙运动的历史学家来说也很重要，但与莱布尼茨和康德不同，他们不在当时哲学雷达扫描到的屏幕上。下面先来谈谈大家熟悉的莱布尼茨和康德。莱布尼茨不仅是一位对各种难题感兴趣的学者，而且是一位对许多问题的观点不断发展的思想家。他深刻而多变，富有成效但令人费解。他的想法是多样性的，他是一个可以不断阐释、澄清并激发辩论的对象。

康德为哲学讨论火上浇油还有另外一个原因。他的巨著《纯粹理性批判》的最后一页将他的"批判之路"定义为理性在两极之间的一个动态过程，即：经验主义者休谟的怀疑论和理性主义者沃尔夫的真理论。在这两者之间，智力的发展随之而来。康德跨越了批判的藩篱，一次又一次地用同样有力的对立物来平衡一个挑衅性的论题，这些对立物往往出现在同一段话中，有时更出现在同一句话中。他用一种连贯的限定，一种批判性的平衡，正是这种紧张的"中间状态"，康德认为这才是辩论的真正空间。

相比之下，哲学家们一直不知道如何理解托马西乌斯和沃尔夫。就像老子的自然主义智慧一样，托马西乌斯的移性常识和沃尔夫的琐碎理性都是教条主义的版本。康德是对的：教条主义与怀疑主义构成真理的两极，也是话语的边界。怀疑的姿态是否定，可以用一句轻蔑的话来概括："这就是你说的！"教条主义的姿态是肯定的，反映在顺从的（或恭敬的）短语中："这就是它为什么会这样。"这两种姿态都没有留下任何可供讨论的余地，这才是辩论关键所在，因为它是辩论的症结。因此从哲学的角度去问，什么应该辩论，什么应该沉默，这一点对以上各方来讲似乎是自相矛盾的。

也就是说，除非沉默辩论的目的是提升到更高层次的辩论。在肯定性推理的框架下，这也就是教条主义优于怀疑主义的地方。两者都是限制条件，教条主义也是一块垫脚石。怀疑主义是倒退的，将对话者从投机性的主张被拉回到更早、更低、更谨慎的确定性层面。教条主义是进步的，它激励对话者，鼓励他们继续下一个话题，不是因为他们没有观点，而是相反地，他们已经提出了观点。在空间上，临界的中间道路位于两极之间的中间地带，但在时间上，中间道路被视为一个进程，从确定的答案到开放的问题，在不断的探究中，然后又从已得到的定理走向下一个怀疑。教条（概念性的结论）是将流动性的研究最终转化为教科书上确定的概念或结论。一个渐进的调查为科学研究所谓的（技术上的）方法，不断提供新的概念和内容。对于研究人员来说，已确定的发现是通往下一个层次的阶梯。"这就是它为什么是这样。"这种教条式的武断的理性态度推动如何"解决它"——相信信息，处理信息，然后继续前进。因此，老子、托马西乌斯和沃尔夫的姿态提醒我们，通过对疑问的解决，知道什么已经确立——并以此为基础，作为放手和进入下一阶段的指南。

在20世纪，他们的这些主张对哲学似乎没有什么用处，这是可以理解的。因为那时一切似乎都有可能，没有任何限制，但是到了21世纪就不同了。气候变化和生态超载意味着这个世界上生存游戏规则的改变，在转变之前将这些主张边缘化的原因，也正是现在将它们重新置于中心地位的原因。教条主义（理性化，概念化）的三个平台——自然主义的智慧、移情常识和琐碎的理性——为当代文明对其栖息地（地球）前所未有的不适提供了启发性的资源，并相应作出创造性的哲学回应。

如果当今的哲学能将这些举措纳入自己的宝库，它将更有力地应对全球的不适问题。用传统的哲学方式，面临危机的哲学家不可能轻而易举地参与进来，除非他们是研究气候学的科学哲学家，或者是研究法律的哲学家，或者是寻找识别和解决气候侵权问题方法的气候伦理学家。

同样，必须指出的是，这两个哲学分支（教条主义和怀疑主义），作为当前主流哲学范式的外在延伸，确实参与其中。他们已经着手应对这场危机，而且做得很好。这似乎与本章的论点相矛盾，即否定推理的分析性妨碍了对新出现的现实作出适当的哲学回应。事实上，科学哲学家研究气候学的方法是结论式的；气候伦理学家研究气候变化对法律和道德方面的影响（对影响的怀疑式方法）；这两种分析方法都是富有成效的。那么，哲学到底有什么必要改变它的方式呢？

以气候学为导向的科学哲学家和气候伦理学家的工作是有价值和创新的。他们的研究价值不言自明，但这项工作的创新性表明，这两种调查方式都是跨学科性质的。由于这场生存危机是文明和文化范式的转变，这两个分支扩展到新的范式是很自然的。但目前这两个领域的局限性也是显而易见的。作为分析家、批评家和评论家对气候学进行研究、调查是必要的，尤其是因为气候学特征所采用的非常规方法，但这也是专家和技术人员的工作。问题是：创造性的工作是在气候学中完成的，而不是在哲学中完成的；而科学哲学家们正在审视这种创造性——就像戏剧评论家在回顾一场舞台表演一样。

　　气候伦理学也是如此。就像与气候有关的科学哲学一样，它是伦理专家和法律技术人员的工作。就像当前的科学哲学研究一样，他们的工作有助于分析和回顾气候变化所带来的影响。虽然这是及时和重要的（特别是考虑到最初从事这项工作的政治压力），但其作用却也是有限的。因为它无助于理解这场危机的意义。我们需要确定与气候相关的公正和公平问题，需要裁决与法律有关的利益冲突，但这只是冰山一角。由于气候变化是市场经济的恶果，所以它不仅仅是一个规范性问题。它是一个实质性问题——一个具有存在意义的结构问题；它突显了文明霸权主义设计中的缺陷。作为一个根本性的游戏变革者，气候危机有着非常广泛的影响。这与以气候学为导向的科学哲学和分析性气候伦理学的方法相左。广义上的差异和狭隘的参与表明，其他推理模式是必要的。在综合理性的新范式中，对危机的哲学回应是以跨学科性和学科内部的创新为目标的。哲学家们不会批评气候学，也不会为可能的失败和错误提出意见，相反，他们会尊重其他学科的学者的研究成果，并将他们的结论作为自己研究的事实依据或前提条件。他们的任务将是弄清楚如何利用这个前提，如何将认识提升到一个前瞻性的水平，以及从这一点上推断出智慧、理性和有意义的存在。

总而言之，这场危机的原因在于经济过度增长及其对气候的影响。当我们把地球变成一个更残酷的世界的时候，我们使它成为文明的敌人。这场危机最终将意味着什么还有待观察，但一些意义已经显而易见。最明显的是，这不仅是地球上非人类生物的问题，也是人类的问题。二十世纪的生态危机正演变为二十一世纪人类危机。正向它所展现的那样，其根本原因是市场经济的恶果；它的受益者是公司、银行和占国家人口比例1%的最高收入者。其他所有人都处于危险之中：年轻人和老年人，男人和女人，国家和社会，富裕国和贫穷国，我们和我们的子孙后代。这是生存危机对人类影响的又一例证。而且，由于这些影响不受地理和社会限制（由其侍者保护的那些全球超级富豪除外），所以生存危机是一个全球性的问题。

另外一个意义在于这场危机的新奇性。具有生存意义的环境危机，过去曾在不同的地方发生过，最著名的也许就是发生在现代化进程之前的复活节岛上的那次。但目前这种危机同时席卷全球，这是史无前例的。面对这个态势，跳出条条框框思考的必要性就被凸显出来。换句话说，既然危机是其自身发展的必然结果，那么要解决危机就需要打破或超越它。

同样前所未有的是产生这场危机的内部因果关系，它也揭示了地球存在的内部结构关系。从文明之初到今天，人类在人口、领土、能源使用、物质消费、废物产出和排放方面都遵循着适度增长的轨迹。但最近人类社会以"大加速"为特征，20世纪经济不断爆发式增长，其影响跨越了地球能够承载的边界。而且跨界的后果只会越来越严重，其造成的最终后果是，未来任何人口和物质增长都是不可持续的。这就是这场危机的最终含义：我们终于到达了增长的极限。

这有两个含义，显示了哲学家们想要有所作为的影响力。其一，危机是智慧的问题。只有右翼理论家和无知的否认者才会声称，这场危机是一个科学"问题"。但事实并非如此。科学知道正在发生的事情以及它的趋势和走向。商人们可能会声称，这场危机是一个技术问题，一旦工程技术足够先进，市场就会解决它。但情况也许不是这样的，因为脱碳文明和节能环保的技术就在眼前。它不仅存在于画板上，或仅存在于昂贵的原型中，而是已经存在于可负担得起的大规模生产厂家中，这些生产很容易得到扩张，并且可以进一步提高。不，这场危机源于我们以增长为基础的经济体系和企业利益对我们政治制度的监管的俘获，以及苏格兰启蒙运动对政治经济的以人类为中心的片面理解和处理造成的恶果（苏格兰魔咒）。因此这场危机存在于我们的文化之中，这让它落入了哲学的魔掌。

中国的"智慧—科学"和德国的"生态智慧"

那么哲学如何克服消极推理？它如何能够调动足够的创造力来适应不断进化的信息处理方式？而且如何能够做到这一点，同时不会变成一个跨学科的人文主义版本呢？哲学——作为纯粹的哲学，而不是混合了其他学科的哲学——如何才能为解决这场危机作出真正的贡献？这些问题是用"如何"而非"是否"来表达的，因为哲学已经具备了它所需要的东西。事实上，如果消极推理是一种反常推理，那么哲学家就有可能，甚至是自然地回到一条更真实的道路上来。第一个结果揭示了哲学的认知状态与气候学提出的启发式之间的对比——这里的分析没有成果，而那里有丰富的综合。但是哲学是否能从这里走向那里，将取决于它对自身主题的限制。也就是说，这意味着，哲学作为下一步的出路，是一条从形式到物质，从方法论到实在论的道路。因此，我们应该不要太刻意区分和以宏观的方式来审视哲学和气候学的基本主题。如果哲学能够"把自己重新处理好",那么它就有能力在这些问题之间架起一座桥梁。

那么,哲学的主题是什么?答案被一个事实模糊了,那就是哲学不是一种,而是多种多样的。哲学的一端是上述的学术哲学。另一端是非学院哲学,它存在于人种学和人类学研究中:土著社会的睿智传统,其中哲学家也是圣人,圣人也是女巫,女巫也是先知和治疗者。在这两者之间的类型是学院教授的哲学,但只是作为过去的产物。这个经典哲学包含三个传统,分别来自中国、希腊和德国。而中国人对哲学的称呼是"哲学"这一学科称谓,这是西方学者创造的,但中国人用"哲学"来表达,依然是非常贴切的字眼,因为它能表达儒家、道家和中国佛教佛学的哲学内涵,它们大约是:智慧的"学习"或"智慧科学"(哲学)。"哲学"一词的概念在希腊术语中,就是我们熟悉的"爱智慧"。"哲学"在德国的术语中,在这种同源词于大约两个世纪前被用作德国哲学学科标签之前,早期的术语,在启蒙运动时期,是威尔士语——"关于世界的智慧"或"世界范围内的智慧"

这三个术语都将主题定为智慧,但以不同的方式涉及它。一般来说,智慧是与存在有关的信息,是与生存相关的信息。信息对物质世界中的繁荣或精神、情感、身体和社会福祉都很重要。如此理解，智慧有三个特征。

一是在传统道德的理论意义上，它将生命置于一种将自己的智慧、权力和劳动投资于稳定的、社会性的和长期收益的生存经济中，这是实际的。因此，智慧是合乎道德的。第二，在另一个古老的意义上，它是实用的，它将这种经济与创造行为与一种能引起快乐和赞赏的生活形象相连。因此，智慧是审美的。第三，从本体论意义上讲，它反映了生命之流的涟漪和流动；这个生命之流是无限独特的，但却受到人生共同主题的限制——孤独与爱情、痛苦与团结、疾病与健康、青春与衰老、出生与死亡。因此，智慧是在整体上关乎人生的。

希腊术语的"哲学"，是指通过爱获得智慧；中文术语的"哲学"，是通过学习来实现的；德语术语的"哲学"，是通过将其置于世界中而与之相关。爱是一种充满不确定性的关系，因为爱的本质就是自由，其中包括被爱者从求爱中得到自由。没有规则规定爱必须由爱人来回报。因此，通过爱来与智慧联系，意味着并不确保你将收获自己劳动的成果。爱人投入热爱的强度不需要相应的积极回应。继希腊人之后的现代学术流派认为哲学探究与其说是对智慧的探索，不如说是对智慧的渴望，因为人们意识到哲学探究所追求的主题是难以捉摸的。传统哲学在问题方面与智慧相关。考虑到它作为哲学标签，来源于西方哲学的源头，希腊语里的哲学概念是贴切的。

古希腊语里的"哲学"观念与现今主流哲学的匹配远非完美。从古希腊哲学的制高点来看，在古代，苏格兰启蒙运动传统中被视为学术哲学的大部分是智者学派（诡辩家）的事情，是苏格拉底的敌人和对手的学说。而且，从现代的角度来看，学术哲学的范围与原始探究的真实愿望之间似乎也没有什么联系，因为智慧已不再是当今哲学的中心话题。消极推理的先发制人将智慧推入了幕后。智慧仍然是哲学辩论的暗流，但它不像思想、逻辑、语言、文化或性别等那样本身就是一个主题。

相比之下，中国术语唤起了一种真正不同于当代失常的哲学的概念。在某种程度上，西方学者试图用"哲学"这个标签来捕捉他们自己的西方哲学观，但他们失败了，因为"对智慧的热爱"将是哲爱，不是哲学。中国哲学的"学"这个字，并不在古希腊哲学"对智慧之爱"的地图上；相反，它意味着"学习"、"学会"以及"科学"。中国哲学，至少在其古代形式中，与其说是哲学，不如说是诡辩———一种对智慧的研究。学习是一种活动，就像爱一样，但是自由和控制是有区别的。虽然在学习中没有确定性，也不保证仅仅通过对其投入努力就能在主题方面取得进展或掌握它，但其风险仍然很小。与爱相反，学习和掌握之间有一个大致的对应关系：一个人在某件事上练习得越多，就越容易"掌握"它，正如俗话说，熟能生巧。对中国人来说，这个话题并不难理解。因此，中国哲学的答案与智慧有关。

这一特点表明，哲学有一种内在的选择。重新设计哲学，使其具有面向未来的相关性，并不需要从头开始：中国古代哲学作为一门智慧科学，已经表明了将消极推理转化为积极推理的可行性。具体来说，这一建议的结果如何，是否需要对这些姿态进行研究，还有待观察。但积极的推理是传统的一部分，比如道教，尤其是老子。

德语术语"Weltweisheit"或"世界智慧"暗示了另一种摆脱哲学危机的方法。在这里，询问主体和主题之间的关系不是一个问题。主题的可及性被认为是理所当然的。如果中国的哲学让人想起地质学，有关岩石的科学；生物学，有关生命的科学；或者宇宙学，有关宇宙的科学，那么德国的"世界智慧"是一个更符合科学的标签，诸如数学，天文学，或物理学——所有学科都以其对象目标为基础，根本不用认定其认知理由。这项工作本身是正当的。

然而，德国哲学概念中发生的事情，以及使其与中国哲学一样重要的原因是在于它提出了另一种选择，是对这一主题的一种基本的物质限定。智慧不仅是智慧，也是世界的智慧。

与任何其他物体形成鲜明对比的是，这个世界实际上无处不在——它是一个人脚下的大地，也是一个人头顶的天空；它离你指尖很近，也是眼睛可能看到的更远的地方。世界的无所不在和普遍性表现为完全包围的现象。顾名思义，世界就是环境，是一个存在的房屋。从这个意义上说，世界智慧是一种生态哲学，或者简单的"生态智慧"。

世界哲学和生态智慧之间的类比突出表明，传统哲学中的消极推理也表现在主题的偏离上。专业人士的专业领域，以及大学专业的课程要求，包括思维、逻辑、语言（分析哲学）等主题；文化、性别、身体（大陆哲学）、个人身份；加上伦理学、美学和欧洲哲学史上的话题。这份名单的自我中心性和追溯性是引人注目的。今天几乎所有的主流话题都是关于主观性而不是客观性的——自我是如何思考、推理和说话的；它如何适应文化，如何定义其性别角色，如何赋予其形式，如何构建自我。今天的哲学是一场自我陶醉者的旅行，反映了一个人的特殊性。

世界哲学不是这样。这里的主题是物质，而不仅仅是思想；是物质模式，而不仅仅是形式逻辑；是过程，而不仅仅是言语；是自然，而不仅仅是文化；是人性，而不仅仅是性别；是宇宙，而不仅仅是身体；最后，它是真理和普遍性，而不仅仅是同一性和差异性。此外，在世界哲学或生态哲学中，重要的不仅仅是对过去的渴望，而是对未来的勇敢展望。这就是启蒙运动对我们这个世纪提出的挑战：把哲学由内而外，以一种浑然天成的方式，把它的自我中心主义转变为宇宙中心主义。

总之，哲学作为一种仅仅是批判性或否定性的研究，作为问题和疑虑的储存库，对处理21世纪的挑战没有多大帮助。相反，我们需要对哲学再概念化，将其作为一种智慧研究和一种生态智慧，从而使其成为一个答案的宝库。以上呈现出来的三种哲学姿态（古希腊的、古代中国的和德国的哲学），虽然来自截然不同的时代和地方，但它们汇聚成一个连贯的替代方案，可以作为建设性的、面向未来的哲学思考的模板。

老子向读者展示了三种智慧举措。第一步是形而上学的陈述。一个例子是："譬道之在天下，犹川谷之于江海。（譬如道在天下的自然规律，就好像溪流之水汇集与江海）。"第二步是同样笼统的陈述，处于形而上学和伦理学的交叉点，或是人类与世界关系的命题："复命曰常，知常曰明。不知常，妄作凶。知常容，容乃公，公乃全，全乃天，天乃道，道乃久，没身不殆。（复归于生命就叫自然，认识了自然规律就叫做聪明，不认识自然规律的轻妄举止，往往会出乱子和灾凶。认识自然规律的人是无所不包的，无所不包就会坦然公正，公正就能周全，周全才能符合自然的"道"，符合自然的道才能长久，终身不会遭到危险。）"最后一个是，在上下文中的道德假设："将欲歙之，必固张之。将欲弱之，必固强之。将欲废之，必固兴之。将欲取之，必固与之。是谓微明。柔弱胜刚强。（想要收敛它，必先扩张它，想要削弱它；必先加强它，想要废去它，必先抬举它，想要夺取它，必先给予它。这就叫做虽然微妙而又显明，柔弱战胜刚强。）"与庄子等其他道家学者的说法不同，老子的论断是笼统和教条的。这种建构模式——哲学姿态——包括实质性和一般性的原则，阐明了自然和人类存在的普遍规律。

托马西乌斯开启了德国启蒙运动并留下了大量有争议的哲学遗产。在1685年出版的《论重婚罪》中，他反对谴责多角恋关系。在1690年出版的《关于良心问题的法律讨论》中，他论证了跨宗教界限婚姻的合法性。在《异端犯罪》（1697年）和《巫术犯罪》（1701年）中，他提出了三个原则：理性必须容忍非正统解读《圣经》的必要性（因为三十年战争未能修复基督教分裂，就意味着为了和平与繁荣需要接受宗教上的冲突）；"强化审讯"技术的不可靠性和无效性（因为被折磨的人愿意承认任何事情，只要它能停止痛苦）；而且（继后者之后）不再有任何实质性的法律要求焚烧女巫。

人们在托马西乌斯身上发现一个道德指南针式的建构模式。它的四个指针是：绝对的人性（超过平等、自由、团结和公平）；绝对的两性平等（赋予妇女更多权力）；宗教自由（从"去"到"离开"的自由）；最后是性自由（从以生育为目标转向以享乐为目标）。与老子的风格相似，托马西乌斯所拥护的价值观是绝对的。这里没有任何回旋余地，也没有以后现代主义为特征的解构和相对的软弱。这个绝对的道德指南针揭示了它作为一个战士的武器。作为新时代的开拓者，托马西乌斯是一个为理性、仁慈和普遍价值而奋斗的战士。

沃尔夫以他的畅销书、开拓性的《德国形而上学》（1720）为德国启蒙运动增添了理论的维度。这本著作的英语译名非常拗口："对上帝、世界、人类灵魂和所有其他事物的理性思考，与真理的爱好者交流。"颇有影响的康德学者贝克（L.W.Beck）对沃尔夫和他的作品给出了权威的评价：

> 克里斯蒂安·沃尔夫在莱布尼茨的鼓励下开始了他的数学家生涯。他成为哈雷大学的数学教授，但不久就在哲学的各个领域任教。他的理性主义和对启蒙精神的献身冒犯了大学里的虔诚派，他们在1723年将他驱逐出校园。此后，他在马尔堡避难，直到1740年腓特烈大帝把他召回他在哈雷大学的老职位，他才在那里教书。四十年来，他一直是"德国的校长"，他的模仿者几乎无处不在。沃尔夫不知疲倦地发表长篇大论；他的定义过于夸张；他阐明了不需要说明的东西；比起推理论证，他更喜欢三段论，并且证明了不需要证明的东西——但是当需要证明的时候，他常常给出令人尴尬的谬误。然而，他的学说至少清晰、系统有序和具有百科全书式的覆盖优势，他对德国哲学"专业化"的影响不应被低估。（Beck，1969：411）

因此，沃尔夫的结论是，他所谈论的是惊人的琐碎。考虑到对明智思想的大胆追求，这一学术判断无异于嘲笑。与之相当的现代书名是道格拉斯·亚当斯1982年出版的《银河系漫游指南》续集，该书名为《生命、宇宙和一切》。这是沃尔夫的小把戏，从理性的消极面来看，这只能是个玩笑。

　　但是，正如我们所看到的，在人文学科之外，理性的负面影响并不是一致的。正态信息的合成是气候学等后常态科学的研究热点。此外，在自然科学中，就像在物理学、天文学或宇宙学中一样，人们会遇到一个沃尔夫式的对最终理论的渴望。这种雄心壮志在今天的这些领域很正常，就像沃尔夫时代的德国哲学一样。今天的哲学家们不能认真对待这样的雄心壮志，这只能说明我们的领域已经变得多么小了——它的复兴是多么迟。沃尔夫的一个模式是，哲学家们可以从中学习到，他愿意把点连接起来，而不是拆散和切断联系。德国启蒙运动的先驱沃尔夫从事综合推理；他尊重跨学科，并基于此处理他那个时代的科学进步。他的姿态是追求真理，寻求一致，并作为一个哲学家，为最终的和明智的万物理论作出贡献。

　　沃尔夫的另一个优点是敢于坚持琐碎的事情。贝克在引用的文章中最感叹的就是这一点。然而，这种勇气也许是积极推理与消极推理的最终区别（消极推理攻击例外）。但是，面对这场危机，我们需要做的是大声而明确地坚持世俗和琐碎的真理，积极地推理坚持显而易见的东西。也许利润不如幸福重要？也许我们应该在经济过度增长时改变我们的经济设计，这样我们才能最终安全地停止增长？也许我们应该渴望一种遗产，让子孙后代尊重我们的记忆，而不是称我们为"蝗虫一代"，向我们的坟墓吐口水？

所有这些问题在口头上都可以用"喂？"来开头，并以"呃！"结束。琐碎的问题也是难题，它们足以成为人类文化进步的垫脚石并为文化进步带来压力。琐碎和晦涩是文明进化一枚硬币的两面。哲学家的工作面向未来、为了智慧、为了创新我们的学科，他们应该坚持琐碎的事情，并且敢于挑战传统。

参考文献：

1. ASSADOURIAN E, PRUGH T, 2013. *State of the World 2013: Is Sustainability Still Possible?* . Washington, DC: Island Press.

2. BECK L W, 1969. *Early German Philosophy: Kant and his Predecessors*. Cambridge, MA: Belknap Press of Harvard University Press.

3. BROWN L R, 2012. *Full Planet, Empty Plates: the New Geopolitics of Food Scarcity*. New York: Norton.

4. Folke C, 2013. Respecting Planetary Boundaries and Reconnecting to the Biosphere // Assadourian and Prugh, 19 - 27.

5. Global Footprint Network, Earth Overshoot Day ,2014. (2014–8–19)[2015–2–27]. http://www. footprintnetwork. org/images/article_uploads/ EarthOvershootDay_2014_PR_General. pdf.

6. JOLLEY N,1995. *The Cambridge Companion to Leibniz.* Cambridge: Cambridge University Press.

7. KANT I,2003. *Critique of Pure Reason.* 2nd ed. New York: Palgrave Macmillan.

8. LAO T(老子) ,2012. *Tao Te Ching*（道德经）. 2nd Rev. ed. New York: Vintage.

9. Republican Brings Snowball to Senate to Prove Climate Change is a 'Hoax'. *The Huffington Post.*（2015–2–26）[2015–2–27]. http://www. huffingtonpost. com/2015/02/26/jim–inhofe–climate– snow_n_6763868. html?utm_hp_ref=green&ir=Green.

10. SCHNEIDERS W ,1989. *Christian Thomasius 1655 - 1728: Interpretationen zu Werk und Wirkung.* Hamburg: Meiner.

11. THOMASIUS C,1689. *Rechtmäßige Erörterung der Ehe - und Gewissensfrage, ob zwei fürstliche Personen im Römischen Reich, deren eine der lutherischen, die andere der reformierten*

Religion zugetan ist, einander mit guten Gewissen heiraten können?. Halle: Salfeld.

12. THOMASIUS C, 1697. *Problema juridicum an haeresis sit crimen?.* Halle: Salfeld.

13. THOMASIUS C, 1704. Erörterung der juristischen Frage: ob Ketzerei ein strafbares Verbrechen sei// *Schrifften.* Halle: Salfeld, 1: 210 - 307.

14. THOMASIUS C, 1721. *De Criminae bigamiae [Vom Laster der zwiefachen Ehe].* 2nd ed. Leipzig: Krebs.

15. WACKERNAGEL M, Schulz M B, DEUMLING D, et al., 2002. Tracking the ecological overshoot of the human economy. *Proceedings of the National Academy of Science,* 99: 66 - 71.

16. WILSON C, 1995. The Reception of Leibniz in the Eighteenth Century// Jolley, 442 - 474.

第十章　概念隐喻与哲学目标

维多利亚·哈里森[①]

从"知即见"到"知即行"，循道而行，以致天人合一。

引言

对于哲学实践来说，如果不去严肃地思考那些元哲学的问题，诸如"哲学的意义是什么？""哲学的目标是什么？"或者更根本上的"哲学是什么？"那么想得到答案，也许是困难的，甚至是不可能。提出这类问题就是要研究哲学中的哲学。对这类元哲学问题的兴趣引发了对一系列世界哲学传统的研究。这些对这类元哲学问题不同的研究方法涉及深层的概念结构，即在不同的知识和文化传统中，认识事物的意义是如何被概念化的。我希望这一做

---

① 维多利亚·哈里森（Victoria S. Harrison），澳门大学哲学教授。

法将为讨论开辟一个框架，真正揭示全球哲学。

让我们以一个问题："哲学意味着什么？"为出发点，来开启我们的讨论。在试图得到这个问题的答案时，我们很容易被"哲学"这个词的希腊起源所干扰。这个词在早期西方知识传统中有非常特殊的含义——对智慧的热爱（爱智慧）——而在其他知识传统中，如东亚和印度次大陆的传统中，却缺乏与之类似的定义。尽管如此，但早期西方哲学家所从事的那种智力活动肯定不依赖于一个特定术语的描述。因此如果就此得出在没有使用这个词的地区和时期没有任何哲学活动的结论，是很草率的。另一方面，似乎没有必要争辩说，世界不同地区、不同时代的"哲学家"在从事哲学实践时所做的事完全相同。哲学在世界的不同地方和不同的历史时期是不同的①，因此我们不应该在开始探究"哲学意味着什么"的时候，期望在印度和中国的哲学传统中找到希腊意义上的智慧爱好者。下面我将表明，在古希腊和罗马的哲学中，智慧通常被认为是知识达到了其理想的状态，如果我们想要在另一个文化环境中找到一个类似于希腊、罗马的智慧的概念，我们需要了解：第一，这个国家的文化被

---

① 我们可以在我们的时代看到这一点——如果我们考虑到不同风格的哲学常常被随意地称为英美分析哲学和欧洲大陆哲学。

概念化（即哲学上的认知）之前的前哲学意义，也就是说，对相同事物的不同认知；第二，关于它如何被构想为理想的认知状态。我认为对这两点的思考，将为哲学在其他文化背景下的实践提供线索。

我认为不同的概念隐喻构成了不同文化中哲学实践的基础，而欣赏这种隐喻可以阐明不同文化中哲学认识对象的不同概念。特别是这些差异可以通过集中在隐喻的潜在思维方式揭示出来。在下面的内容中，我强调了将西方哲学传统的核心知识概念化的方式，虽然这个概念也存在于印度的传统中，但它与东亚的主导概念化形成了鲜明的对比。我的论点借鉴了乔治·莱考夫和马克·约翰逊关于概念隐喻的著作（Lakoff and Johnsan，1980）。他们声称，当我们通过借用其他更容易理解的事物来解释某些抽象的事物时，我们就是在以隐喻的方式来理解它。在下一节中，我将简要介绍概念隐喻理论。

概念隐喻理论

乔治·莱考夫和马克·约翰逊认为，隐喻不仅在我们的思维方式中起着重要的、不可替代的作用，而且我们语言的很大一部分都是由它们构成的。在他们有影响力的著作《我们赖以生存的隐喻》（Lakoff and Johnsan，

1980）中，他们打破了人们的普遍观点，即文字语言是首要的，隐喻语言依赖于文字语言。他们认为，事实上许多人认为的字面语言实际上只在由隐喻构成的语境中起作用，他们声称："就我们的思考和行动而言，我们通常所构建的概念系统，其本质上是隐喻的（Lakoff and Johnsan，1980：3）。"

莱考夫和约翰逊的主要兴趣在于概念化系统——也就是说，在于"我们对事物感知的概念化，我们的行动的概念化以及我们与他人联系的概念化"（Lakoff and Johnsan，1980：3）。

他们认为我们不能只简单地向内看，只从概念系统的内部来研究它，我们可以通过习惯使用的语言来间接地研究它。他们的证据很大程度上来自于大量的例子。其中最有说服力的一个比喻就是："争论就是战争"（ARGUMENT IS WAR）。①考夫和约翰逊用这个比喻来阐明他们所说的"概念隐喻"（有时也被称为"认知隐喻"）。这些概念隐喻首先让我们注意到英语中常用的各种表达方式其实都有概念隐喻的属性，它们本身

①　我遵循了莱考夫和约翰逊的惯例，即使用大写字母表示一个概念隐喻正在被引用。这是很有用的，因为并不是所有的概念隐喻都是语言学意义上的隐喻，也就是说，它们并不都明确地以其他事物的形式指代某一事物。

也是我们谈话的普通方式的一部分。其他的例子例如：
"你的主张是站不住脚的""他攻击了我论点中的每一
个弱点""他的批评正中靶心""他击落了我所有的论
点"。对于这些常用的说话方式，他们认为：

> 重要的是，我们不能只从现实武力的战争中来
> 讨论争端。此比喻来指在非武力的争论中，我们可
> 以像真正的战争一样赢或输。我们把与我们争论的
> 人看作对手。我们攻击他的阵地，也保卫我们自己
> 的阵地。我们有得也有失。我们采取计划和使用策
> 略。如果我们发现一个立场站不住脚，我们可以放
> 弃它，并采取一个新的攻击路线。我们在辩论中所
> 做的许多事情，在一定程度上是由战争的概念构成
> 的。虽然没有肉体上的战斗，但有口头上的战斗，
> 辩论的结构——攻击、防卫、反击等——都反映了
> 这一点。从这个意义上讲，"争论就是战争"的隐
> 喻，是我们在这种文化中赖以生存的隐喻；它构
> 建了我们在辩论中的行动。（Lakoff and Johnsan，
> 1980：4）

莱考夫和约翰逊断言，一个人争论时的活动和经验

是隐喻性的结构。没有隐喻，一个人就无法参与活动，因此也就无法获得与之相伴的体验。因为概念隐喻，就像"争论就是战争"一样，具有构建我们思维、活动和经验的功能，隐喻不是简单地构成传统隐喻语言的外围特征。相反，概念隐喻是由控制我们整个思维和活动网络的概念构成的。此外，还有许多概念隐喻，它们共同构成了我们所想、所说和所做的大部分事情。莱科夫和约翰逊认为，只有在这样的网络中，文字语言才能发挥作用。

因此，隐喻不仅可以构建我们的思维，还可以构建我们的行为。莱考夫和约翰逊坚持认为，我们的许多活动都是"隐喻性的"；也就是说，我们对这些活动的表现是被隐喻所支撑的。在接下来的一节中，我们将哲学实践看作是这些"隐喻"活动之一。我将探讨一种观点，即在西方语境中，哲学活动通常是通过概念隐喻来构造的，而概念隐喻是通过视觉（看）来得到知识的，并且这个隐喻与哲学对象的特定概念联系在一起，而这个概念又与对智慧的特定理解相一致。正如我们将要看到的那样，尽管这个概念隐喻有力量，但它并不是唯一能够构造哲学活动的隐喻。事实上，我认为不同的哲学传统已经围绕特定的概念隐喻而发展和成熟，每一种都产生了哲学实践和其对象的独特概念（Harrison，2012：178-83）。探讨这些隐喻，涉及观察不同的语言表达模式，并以此为窗口，了解各种哲学各自不同的认知过程，这些认知过程是哲学实践的基础。

概念隐喻与哲学

概念隐喻理论与一种被称为"体验现实主义"的理论密切相关（有人会说"基于"），这种理论的基本思想是概念隐喻产生于体验思维。所有正常人，不管他们的文化水平如何，都共享基本的感觉体验；如：视觉体验、嗅觉体验、触觉体验、听觉体验以及相同的本能与冲动体验。当抽象思维发生时，这种在身体经验上与之的相似性将会对抽象思维产生影响。概念隐喻理论家，如莱考夫和约翰逊，认为抽象的概念图式来自这些非常基本和普遍的具体体验。特别是，正如我们稍后将看到的那样，视觉体验产生了一整套关于视觉的隐喻，而本能与冲动体验产生了一种不同但相关的复合体，其焦点在于找到自己的方向。[①]莱考夫和约翰逊断言，我们人类有共同的身体结构和经验范围，这使概念隐喻的表达成为可能，"一个人

---

① 正如爱德华·斯林格兰德指出的，改变我们经验的新技术可以产生新的隐喻，但是尽管在整个有记录的历史中存在巨大的技术变化，但视觉、本能和行为经验仍然是普遍的（SlingerLand，2004）。

认知系统中的大部分概念，是其语言和文化中普遍存在的"（Lakoff and Johnsan，1999：6）。

他们接着声称，感觉认知能力是人类普遍存在的，就好比人的语言能力一样，是人类共有的。（无论这种能力是否被任何特定的人使用，这都无关紧要。就像有些人从来没有发展过使用语言的能力一样，也有一些人从来没有发展过使用理性的能力。这些不幸的例外并不会削弱这样一种说法，即理性的能力或语言的能力是人类普遍存在的。）推理能力被认为是建立在我们思维方式的共性基础上的（Lakoff and Johnsan，1999：6）。更具体地说："对事物相似的推理和理解来自于人们身体和大脑的共性以及他们所居住的环境"（Lakoff and Johnsan，1999：5）。① 人类运用这种推理能力的方式有很多，它们通过不同的概念隐喻来概念化思维和理解的抽象过程。所以我们说，虽然推理的能力是人类普遍的，但在实践中推理是通过不同的概念隐喻来体现的。

现在，依赖于我们推理能力的哲学，以人类共同的推理能力为前提和基础。关于哲学实践，莱考夫和约翰逊

---

① 他们进一步声称，"这些宇宙的存在并不意味着理性超越了身体。此外，由于概念系统差异很大，所以理性并不是完全普遍的"（Lakoff and Johnson，1999:5）。然而，在本章中，由于我的兴趣是他们关于理性普遍性的主张，所以我不再进一步讨论他们如何限定他们关于这一点的主张。

的主要论点是：

> 在提出哲学上的那些抽象问题时，最初我们以自身的感知，作为下一步探究的基础，一个我们无法直接接触到的认知潜意识，以及一个我们在很大程度上没有意识到的隐喻性思维。抽象思维大多是隐喻性的，这一事实意味着，哲学问题的答案一直是，也将永远是隐喻性的。就其本身而言，它谈不上好不好。这只是一个关于人类思维能力的事实。但它对哲学的各个方面都有重大影响。隐喻思维是哲学洞见得以实现的主要工具，并制约着哲学所能采取的形式。（Lakoff and Johnsan，1999：7）

根据概念隐喻理论，我们会发现哲学实践——我们知道这是一个复杂的活动——是由一系列（不一定一致的）隐喻构成的。在这一章中，我将着重于这以下两个方面的隐喻：知道就是看见（所见即所得），以及，更简单地说是，认识的途径。在考虑"所见即所得"之前，在下面一节中，我将转向皮埃尔·阿多（Pierre Hadot）在《哲学作为一种生活方式》（1995）中对古希腊和罗马哲学的分析。正如我们将要看到的，皮埃尔·阿多的著作揭示了在早期西方哲学传统中，哲学家广泛共享的视觉对知识概念化的作用，及其与智慧之间有趣的联系。

早期西方哲学中的智慧和视角

皮埃尔·阿多对古希腊罗马式世界的哲学实践提供了一个引人入胜且讨论颇多的描述。皮埃尔·阿多描述的核心是强调智慧，这被认为是哲学家的目标（也许无法实现）。在这里我不打算参与哈多对希腊罗马式哲学的全面分析；相反，我要谈谈其中与本章论点相关的观点。

让我从皮埃尔·阿多对哲学家及其生活方式的描述开始。皮埃尔·阿多声称，在古希腊罗马式世界，成为一名哲学家意味着与日常生活的脱节。由于这种断裂，哲学家经常常被人视为怪异和潜在危险的人物（Hadot，1995：56-57）。他写道，哲学家既不是圣人，也不像其他普通人。他知道人应该是智慧的，因为智慧只不过是人类对事物本来面目的看法（所见即所得），也是对宇宙按照理性推理的看法，同时也是与这种看法相对应的存在和生活方式。但是哲学家也知道，这种智慧的生活方式是一种理想的状态，几乎无法获得。因此，在他们眼中，这种由其他人组成的日常生活，必然会显得不正常，就像一种疯狂、无意识和对现实的无知的状态。（Hadot，1995：58）

哲学家不能像普通人那样生活，正是因为他们是哲学家。他们不是自称拥有智慧的人；相反，他们是智慧的爱好者。皮埃尔·阿多强调，在古希腊哲学中，智慧通常被认为是"一种完美的生存方式和对知识的掌握，它是神圣的"（Hadot，1995：57）。鉴于智慧的神圣特性，人们普遍认为智慧是凡人无法企及的。

正如皮埃尔·阿多所阐述的那样，智慧通常被视为完美的双重状态——智者的存在状态和对知识的掌握——哲学家认为这是一种值得追求的理想。然而，正如他也观察到的那样，尽管这种观点被广泛认同，但活跃在希腊罗马式世界的众多哲学流派却对这种完美状态发表了多种见解。关于这些，皮埃尔·阿多写道：

　　每一个学派都会对圣人的这种完美状态进行理性的论述，并努力去描绘他。诚然这种超然的理想将被认为是几乎不可接近的；根据一些学派的观点，从来就没有一个智者；而另一些学派则认为，也许只有一两个智者，比如伊壁鸠鲁，他是人类的典范，还有一些学派则认为，人只有在极其短暂的时刻能达到这种状态。在这个理性所确立的时代规范中，每一个学派都将表达自己的世界观、生活方

式和完美人格的观念。（Hadot，1995：57）

皮埃尔·阿多对哲学生活进行了丰富的描述，认为"这是按照智慧的标准生活和思考，它将是一种走向超越性的运动，尽管是永无止境的（Hadot，1995：59）。"在皮埃尔·阿多的分析中，古希腊罗马思想中智慧和超越性之间的联系，与当时上帝是绝对超越性的观念相一致。重要的是，许多现代西方哲学都是围绕知识的理想构建的，知识是一种超越任何特定观点的所见。在当前的西方哲学中，人们仍然经常提到所谓的"上帝之眼"。很明显，这一概念与皮埃尔·阿多所阐发的古希腊罗马智慧观念密切相关。

按照古典哲学的概念，由于智慧不是一种常人所拥有的状态，而是一种神圣的状态，因此，当哲学家开始理解智慧时，他就被认为开始理解一些神圣的东西。但西方哲学与神圣超越性的传统联系，也提醒我们注意其更实际的层面。

如果哲学的目标是帮助一个人实现智慧的理想，那么哲学就有了一个基本的实践目标。这种理解自然导致哲学活动作为一种实践（一种精神修行——灵修——借用皮埃尔·阿多青睐的术语）。根据这一概念，哲学理论化本身不应该是目的；它旨在支持实现智慧理想这个实际目标。然而正如我们已经看到的，虽然哲学理论和实践的统一这一想法被广泛认同，但是不同学派之间的理论差异又导致了他们对这个共同理想的不同理解。

皮埃尔·阿多强调，尽管各哲学流派坚持的哲学理论和实践之间存在着真正的差异，但每一个学派都致力于理论与实践的统一。在理论层面上，圣人（至少在某种程度上）所拥有的理想的智慧是以知识为特征的，而这是以众多的视觉语言来描述的。不断进取的圣人寻求的是一种视角，一种视野，从中可以得到知，它基于普遍的日常认知。而且这种认知并不依赖于哲学家个体的物质生活状态或历史环境，但却允许他或她超越这些："在……（精神）修行的帮助下，我们应该能够获得智慧；也就是说，完全从激情中解放出来，进而完全清醒，最终达到对人类和世界的全面认识，从而使自己达到一种完全自由的状态（Hadot，1995：103）。"因此，哲学的实践被认为包含了一种生活方式，这种生活方式支持了圣人们去追求理想，尽管他们可能最终无法实现理想。

> 哲学家生活在一个中间状态。他是圣人，但也不是圣人。他总是在非哲学和哲学之间，在习惯领

域和日常生活之间，在意识和清醒领域之间不断地挣扎。在一定程度上，哲学生活等同于精神操练，这也是对日常生活的一种撕裂。它是一种转变，是一个人的视野、生活方式和行为的彻底转变。（Hadot，1995：103）

这里二者的动态关系，意味着哲学理论和哲学实践不可能截然分开。哲学理论也为哲学家提供了一个目标，并支持哲学实践朝着这一目标前进，因此，在这种对经典的理解中，智慧不能简单地归结为实践问题；理论也牵涉其中。

皮埃尔·阿多对古典哲学的回顾使他得出以下结论：在西方古代哲学研究中，哲学主要不是一种理论活动，而是"一种训练人们以新的方式生活和看待世界的方法。这是一种改变人类的尝试"（Hadot，1995：107）。如果皮埃尔·阿多是正确的，那么我们发现，今天西方许多哲学已经与早期的实践哲学和哲学目标发生了戏剧性的背离。除了某些明显的例外，从近代早期开始，大多数西方哲学几乎完全与理论有关。虽然目前的哲学家很可能认为自己从事的是实践哲学，但他们对实践的组成却缺乏共识，对实践的目标也没有统一的看法。我们稍后将回到这些观察。皮埃尔·阿多借助基督教在西方文化中的影响，解释了西方哲学传统中发生的关键变化，即从最初的"理论面向实践"转变为我们今天所熟悉的几乎完全理论化的学科。他指出，早期的基督教思想家，如亚历山大的克莱门、奥利金和奥古斯丁，已经把基督教呈现为一种哲学。此外基督教已经吸收了各种精神修炼的做法，这些做法以前是哲学家的专利。哲学实践的传统做法与基督教的融合在经院哲学时代已经完成，皮埃尔·阿多声称，正是在这个节点上，神学和哲学分道扬镳。"哲学被清空了它的精神修行活动，从现在开始它被归入基督教神秘主义和伦理（Hadot，1995：107）。"皮埃尔·阿多认为，从那时起，哲学成为纯粹的理论，这一特征一直保留到现代。

正如我们所见，根据哈多的说法，古代西方的哲学有双重目的。首先，它旨在改变我们对世界的看法；其次，它旨在改变我们的存在（Hadot，1995：127）。因此，哲学既包含了知识也包含了一种生活方式。基督教很容易被认为是哲学——事实上，它主要是一种生活方式，因此与早期的哲学有明显的相似之处，这就足以证明了这一点。正如皮埃尔·阿多所解释的，哲学生活的最基本形式是一种基于对事物认知的生活方式；但在古代，有许多不同的理论对它有不同的理解。基督徒只是在基督教神学提供的框架内理解它。随着西方哲学在基督教的推动下发生转变，它的双重目标被拉开了。哲学变成了理论和知识的领域，而基督教则呈现了哲学不再需要提供的生活方式或存在方式。

从这个分析中，即从视觉隐喻的角度来理解知识与智慧之间的关系，皮埃尔·阿多有两个关键想法显得特别突出。第一个想法是，在早期西方哲学中，智慧被认为是脱离于这个世界之上的理想状态（形而上的状态）。第二个想法是，哲学理论与实践的原始统一性被打破，对理论知识的高度重视的现代西方哲学由此产生。现代西方哲学仍然依赖于在古典思想中发展起来的智慧理想。正如我们所看到的，这种智慧的状态常常被描述为超然性和不可接近性。按照西方的主导观念，圣人在某种程度上脱离了这个世界的事务，因为他专注于思想，就像上帝一样，是自给自足的。正如我们所看到的，智慧被描绘成"事物本来的存在图景，是宇宙在理性之光下的显现，智慧……只不过是对应这一图景的哲学家们的存在和生活方式（Hadot，1995：58）。"

哲学涉及一个人的视野的转变（Hadot，1995：103）。一旦哲学的理论和实践发生分裂，我们就只剩下一个哲学理论，它把知识理解为"所见即所得"的认知，而不管它的任何实际应用。从那时起，西方哲学通常关注的是知识，而不再是哲学家的生存方式。尽管如此，先哲们的理想观点，先前被认为是普遍理性的，后来也仍然成为后代哲学家的目标。尽管后来的经院哲学与古典传统哲学之间存在着差距，尽管如今圣人与智慧的重要性远没有过去那么显著，但所见与所知之间的关联性仍然是今天哲学活动的基本认知框架。尽管如此，也许有点特殊，但这一认识为后来的分析哲学所继承，它认为普遍的真理就是各局部所见而得的所知的汇聚。

我在这里不能完全为这一主张辩护，但在接下来的章节中，我为此观点提供了一些支撑，即西方经院哲学仍然以一种不言自明的观念——"所见即所得"——作为认知的预先假定。正如我们已经看到的，这个隐喻与古代的智慧概念直接相关；同时正如我们现在将看到的，这个隐喻现在仍然可以让我们注意到"所见即所得"在哲学认知上的促进作用。

所见即所得

概念隐喻理论家将"所见即所得"作为一种基本的隐喻象征方式，是因为它基于我们人类共同的视觉经验。隐喻（本体+喻体）对我们理解事物的重点来自于其本体，它来自于人们共同的视觉体验（即看到的都是一样的东西。然后，对这个东西有了一致的认识。共同的所见导致共同的所得，即对事物同一性与相似性的认识）。事实上，通过视觉了解"看"世界的经验是普遍的，同时也是所有常人对世界认知的基本方式，而不论其文化背景如何。因为这个基本原因，我们期望发现"所见即所得"的概念隐喻在所有文化传统中发挥作用。关于它在西方文化传统中所起到的作用，莱考夫和约翰逊指出：

> 关于"知即见"（所见即所得）的隐喻法，界定了这种民间常用的认知方法的核心，也就是说，它揭示了在我们传统的心智认知活动，"看"对心灵内在的复杂的运作过程所起到的决定性作用。因此它以概念的形式定义了我们对认知的基本理解。鉴于"看"在我们对世界的了解中扮演着如此重要的角色，这个概念隐喻如此盛行，是完全有道理的。（Lakoff and Johnsan，1999：394）

根据概念隐喻理论，在我们深层认知过程中，初级隐喻的结构作用是通过隐喻表达的集群来体现的。这些不仅仅是固定的语言习惯，而且基本上是无意识中的一种观念的标志与体现。正如莱考夫和约翰逊指出的那样，"我们关于精神活动的语言表达体现了这种潜在视觉隐喻（Lakoff and Johnsan，1999：394）。"让我们来思考一下以下一些常用的英语表达，这些表达表明"认识就是看见"的概念隐喻在我们用英语思考和谈论知识时的结构性功能作用：

Light of reason	理性之光
Clarity（a quality of light）	清晰度（光的质量）
Clear ideas, clear writing	清晰的想法，清晰的文字
Illuminating ideas	启发性的想法
Shed light on	一线光明，一些启发
Enlightening, enlightenment	点亮，启蒙
View something in the light of	从……的角度看某事
Perspective, angle, viewpoint（a person is looking from somewhere）	视角、角度、观点（一个人从某处看）
I see what you are saying	我明白你的意思
Bring an idea into focus	聚焦于一个想法
Theory	理论
Insight	洞察力

　　这些词语和表达方式以及其他很多词语表明，在西

方以及我将很快解释的印度认知传统中，见与知在观念上联系紧密。在这些认知传统中，认知被解释为一种对知识的理解方式，它基于更直接的视觉感知。

概念隐喻理论家声称，一般来讲，我们通常将抽象的经验映射到更具体的经验领域来理解它们。认知是一种抽象的活动，当我们对正在做的事情已经知道和了解的时候，我们很难用文字表达（想想我们曾有过的经历，当我们正爱一个人的时候，怎样表达这样的情感有多么的困难）。但我们可以把抽象的活动，比如了解或爱，映射到更具体的活动上。这既为我们的抽象活动提供了一个结构，也为我们提供了讨论它们的方法。当我们使用"知即见"概念隐喻时，我们无意识地构造我们的思维活动，就好像它是视觉感知的具体活动一样（回想一下，根据"知即见"这一论点来理解"争论就是战争"隐喻是如何具有实践功效的——什么才算是成功，等等）。莱考夫和约翰逊的结论是：

> "知道就是看见"隐喻深深植根于视觉（"看"）在人类认知中的作用，并且是我们知识概念的核心，以至于我们很少意识到它是如何强有力地构建我们对事物的意义的理解。正是这种隐喻

的共性和经验的普遍性，使它成为在各种各样的思想和知识理论中进行复杂的哲学阐述的理想候选者。（Lakoff and Johnsan，1999：394）

在笛卡尔的认识论中可以特别清晰地看到，在一个复杂的哲学体系中，他将抽象的认知映射到更具体的视觉领域上。在分析笛卡尔关于认知思维方式的深层结构时，莱考夫和约翰逊把认知领域中的词语映射到视觉领域中与"看"有关的词语上（Lakoff and Johnsan，1999：393-4）：

Visual Domain（视觉领域）	Knowledge Domain（知识领域）
Object Seen（看见客体对象）	Idea（想法）
Seeing An Object Clearly（看到一个物体）	Knowing An Idea（有了一个想法）
Person Who Sees（人见）	Person Who Knows（人知）
Light	"Light" Of Reason Visual Focusing Mental Attention

（光，是视觉的聚焦）（精神的关注）

Visual Acuity （视力敏锐度）	Intellectual Acuity （智力敏锐度）
Physical Viewpoint （生理观点）	Mental Viewpoint （心理观点）
Visual Obstruction （视觉障碍）	Impediment To Knowing （认知障碍）

如上所述，"所见即所得"是一个主要的隐喻，因为它基于我们共同的人类视觉体验。它可以用多种多样的方式被阐述成复杂的哲学体系，笛卡尔就是其中一个特别明显的例子。

我们已经看到，莱考夫和约翰逊的讨论集中在西方哲学上。然而，正如我们现在将要看到的，在印度发展起来的印度教、佛教和耆那教哲学中，"所见即所得"的概念隐喻也发挥了重要的作用（McMahan，2002）。这是对印度哲学和西方哲学之间的密切联系的概念解释：这两个哲学家族都是围绕着"所见即所得"这一概念隐喻来构建的。

在梵语中，"darśana"这个词——通常被翻译成英语中的"学派"，如"哲学学派"。——"darśana"是由"看"这个词根派生出来的。传统印度文化中的哲学楷模是古代的先知，他的观点反映在吠陀文献中。在这种知识背景下，哲学的实践是为了清除认知障碍，使我们了解事物呈现方式背后的真实现实。鉴于哲学家的目标是找到正确的视角（darśana），从这个视角可以看到事物的真实面目，印度传统中的哲学分歧集中体现在哪个视角最具启示性的问题上。因此，在公开辩论中检验这些对立的观点，是古典印度哲学实践的核心（Ganeri，2001）。这一趋势的逻辑顶点是着那教发展出一种方法，能够将明显对立的观点纳入更大的视野。

在梵语中，知识一词"vidya"意味着知道和看见。同样，不知道"avidya"等于看不见。这些词通过一个共同的印欧语系词根"weid"（"看，真正知道"）与拉丁语义相连。英文单词"vision"和"wisdom"也来源于"weid"（McMahan，2002：57）。"见与知"在对认知事物的概念生成上的紧密关联，也延伸到对真理辨识的方式中，即掩盖还是揭露现实的方面（取决于所指的真理是终极的，被揭露的，还是具体的，被掩盖的）。此外，许多印度哲学传统认为"无知"是一个基本的哲学上的错误，"无知"常常以幻觉为特征。我们的心理幻觉常常被视为更具体的生理幻觉。

印度哲学和西方哲学都是围绕着一个共同的基本隐喻而构建的，那就是所见即所得，尽管如此，但它们在实践中却常常看起来很不一样。为了解释这一点，我们可以求助于更广泛的文化差异，以及阿多对西方哲学中发生的分歧的分析。当时在基督教的影响下，西方哲学失去了实践的那一方面，只剩下了理论领域。我们可以推测，如果这种情况没有发生，西方哲学会更像传统印度哲学——其中许多哲学仍然包含理论和实践的融合——而不是现如今的这个样子。

前面提到过，因为"所见即所得"概念隐喻产生于普遍的人类经验，我们会发现它在所有主要的知识传统中起作用。因此这一隐喻也存在于中国的知识概念中，也就不足为奇了（Ghig Lione，2010）。以下，让我提请大家注意汉语概念系统中存在这一隐喻的几个明显的语言表达。正面所列举的几组非常常见的汉字和汉字组合，揭示了光、视觉和理解之间的概念联系：

日	rì	太阳（sun）
月	yuè	月亮（moon）
白	bái	白色（white）
明白	míng bai	（1）清澈（clear），明显（obvious），清晰（plain）； （2）理解（understand），意识到（realize），知道（know）。
明亮	míng liàng	（1）明亮（bright），光亮（well-lit），亮闪闪（shining）； （2）明确（理解）（clear of understanding）

但是，正如我在下面所表明的，在中国传统哲学思想中，"所见即所得"作为一个不同的基本结构性隐喻，发挥了次要的作用；"所见即所得"这种隐喻在中国古典哲学中产生了一个独特的观念，它在中国古典哲学传统中可以识别到。

"知道"

虽然西方哲学和印度哲学在概念上的相似性经常被提及，但西方哲学和中国哲学之间的差异往往被认为比这种相似性更引人注目。对此的一种可能解释是，古典中国哲学中实践不是由"知"构成，而是由"见"的概念隐喻发展而来，而"见"是一种不同的、具有文化内涵的、被广泛接受的对"知"的理解。我们希望这种理解能够通过一个占主导地位的概念隐喻来表达，就像"所见即所得"一样，这种隐喻基于人类的共同经验。我们可以从另一个高频汉字组合中找到这个隐喻的线索：

知道（汉语）/ know（英语）

"知"本身就意味着"已知"，但它最经常与"道"结合在一起共同使用（知道），来表达对事物的认知。"道"即：途径、道路、方法（或者如果用作动词，表达这些意义：说的动作，说的行为，告诉）。这个字形里没有"日"，清楚地表明这里所说的知识概念不是一种抽象的洞察力。知识、光和视觉之间没有内在的必然联系；相反，我们被指向了另一种不同的认知途径：行动。

根据概念隐喻理论，我们发现，在中国——就像在印度和西方一样——人们所知道的事物意义通过隐喻概念化。它形成了民间知识理论以及各种更为复杂的哲学理论。在中国文化中，无论其关于认知的概念隐喻的主导特征是什么，我们都希望构建在中国文化传统中被广泛认同那种认知思维方式，进而构建一种他们实践哲学的方式。

借鉴大卫·霍尔和安乐哲（Roger T.Ames，1998）的著作，爱德华·斯林格兰德将概念隐喻理论应用于中国哲学思想，他对比了两种认知模式，一种是典型的西方认知模式（依赖所见即所得的隐喻），另一种是典型的中国模式：

因此，中国人取代了以主体的"凝视"为代表的认知模式，而是以"行为"为媒介，参与世界。这就是大卫·霍尔和安乐哲著名论点的重要之处，即中国古代哲学著作中的思维（"思"）"不应被理解为一种抽象推理的过程，而应该理解为具有实践特征的行动，而"思"则是实践结果的体现"。
（SlingerLand，2006：4）

　　斯林格兰德试图找出一个主要的概念隐喻，该隐喻在中国语境中的作用与"所见即所得"在西方文化（我还想补充上印度文化）中的隐喻功能一样（SlingerLand，2006：5）。在阐述他认为什么是典型的理解"知道"的中国式方法时，斯林格兰德认为中国式认知的概念隐喻的重点是：认知就是行动。这促使他理解什么是东方式的理想行为，他认为在中国传统认知背景下，理想的行为应该是不妄为，换句话说，"无为"。

　　我非常同意斯林格兰德的结论，但我仍然为在中国认知传统中发现的这个比西方"所见即所得"更基本的隐喻而感到震惊——通过行动来理解"知"。从常理上讲，行为与我们的基本感官体验的联系没有视觉（或听觉，在各种文化语境中也曾被隐喻地利用过）那么密切相关，这表明，在中国式认知中，在西方的惯常的"所见即所得"之前还存在另一种认知隐喻。我建议寻找一个恰当的概念隐喻，对此的回顾式搜索并不是一个语言学上问题，它直接建立在普遍的行为经验基础上。鉴于"道"这个概念在东亚的知识传统中占主导地位，我们很自然地认为我们所寻求的东方认知的概念隐喻就是"知"即"道"（即：认知就是行为的方式和结果）。如果认知通过一种基本隐喻来概念化，那么，在传统中国的认知中，这种基本的隐喻方式是将认知体现到更基本的人类移动、寻找道路的经验上，那么中国式的理想的认知，用斯林格兰德的术语来描述即"理想的行为"。正如斯林格兰德对早期的中国思想家所断言：

> 知识的顶峰并不是对抽象原则的把握，而是指一种"天人合一"的行为方式，这种行为方式完全是自发的，但仍完全符合自然规律和社会规范——它体现为"道"（自然和社会的规律性认知）或"道"（对规律认知的途径或方式）。（SlingerLand，2006：4）

尽管早期中国的哲学纷繁多样，但可以说，早期的中国哲学家在这个世界中寻求的是一种生活方式，而不是在我们的经验世界背后寻求一种所谓的更深层次的客观现实的知识。中国哲学的典范模式是内圣外王，即将个人美德和良好统治能力结合在一起。尽管儒家强调读书，除了以人名为代表的各路哲学宗派，中国古典哲学家们都不约而同地遵循着"道",作为对规律性认知的概念隐喻（这种情况正如我们所看到的，西方早期哲学中都有对智慧的记载，但对此的表达，不同的思想流派却都逐渐形成了自己的理论特征）。在中国知识分子文化中，这种哲学认知上对"道"普遍强调的做法，正如我以上表明的，在行为与知识概念化的关联中，暗示了成功的哲学实践与理想行为之间的关系。

结论

我已经证明了早期西方哲学的目标是爱智慧，智慧被认为是一种理想的知识状态，它以被称之为"上帝之眼"的主要的视觉方式得以呈现，我猜想中国早期哲学的目标，如果以西方哲学的含义（爱智慧）作为参照，我们只能说它是智慧的类似，我们将发现它与西方哲学在认知上的概念隐喻的不同，因为中国式认知的概念隐喻是建立在行动上的，而不是视觉隐喻。我也曾表明，在中国早期传统中，知识主要体现为人在自然和社会中有效地找到自己的生存之道，知识被理解为了解自然与社会的内在规律性，并遵循这种规律性，它是实践意义上，而非早期西方哲学的抽象意义上的，因此这种理想的知识体现为理想的行为。当然，完美的行为在古希腊罗马哲学角度似乎不太像智慧，但鉴于以上我们所概述的，这正是我们所期望的（即理想的行为也是获得智慧的一种方式，它是东方式的认知方式，也是东方智慧的体现）。①

参考文献：

1. CHASE J, REYNOLDS J, 2011. *Analytic versus Continental: Arguments on the Methods and Value of Philosophy*. Durham, NC: Acumen.

2. DESCARTES R, 1970. *The Philosophical Works of Descartes*. Cambridge: Cambridge University Press, 2.

3. ANERI J, 2001. *Philosophy in Classical India: The Proper Work of Reason*. London: Routledge.

4. GHIGLIONE A, 2010. *La vision dans l' imaginaire et dans le philosophie de la Chine antique*. Paris: You Feng.

5. HADOT P, 1995. *Philosophy as a Way of Life: Spiritual Exercises from Socrates to Foucault*. Oxford: Blackwell.

---

① 本章中的一部分材料已于2015年出版。

6. HALL D L, AMES R T, 1998. *Thinking from the Han: Self, Truth, and Transcendence in Chinese and Western Culture.* New York: State University of New York Press.

7. HARRISON V S, 2012. *Eastern Philosophy: The Basics.* London and New York: Routledge.

8. HARRISON V S, 2015. Seeing the Dao: Conceptual Metaphors and the Philosophy of Religion. *Religious Studies*, 51 (3): 307 - 322.

9. LAKOFF G, JOHNSON M, 1980. *Metaphors We Live By.* Chicago: The University of Chicago Press.

10. LAKOFF G, JOHNSON M, 1999. *Philosophy in the Flesh: The Embodied Mind and its Challenge to Western Thought.* New York: Basic Books.

11. MCMAHAN D L, 2002. *Empty Vision: Metaphor and Visionary Imagery in Mah ā y ā na Buddhism.* London: Routledge/Curzon.

12. SLINGERLAND E, 2004.Conceptual Metaphor Theory as a Methodology for Comparative Religion. *Journal of the American Academy of Religion*, 72(1): 1 - 31.

13. SLINGERLAND E, 2006. *Effortless Action: Wu-Wei as Conceptual Metaphor and Spiritual Ideal in Early China.* Oxford: Oxford University Press.